唤醒 孩子的内驱力

陈金平 ——————— 著

清华大学出版社
北京

内 容 简 介

爱尔兰诗人叶芝说过一句话:"教育不是注满一桶水,而是点燃一把火。"想要点燃这把火,需要一种力量,而这种力量,就是内驱力。内驱力确实是一种奇妙的力量,在内驱力的驱使下,孩子不仅会进入一种自发努力的状态,还能引发动机,促成行为的实现。本书从认识内驱力、点燃梦想、改变观念、掌握方法、有效约束、少些质疑、重视计划、关注交往、重视阅读、敢于放手 10 个方面介入,为家长提供了切实可行的方法和工具,以成功唤醒孩子的内驱力,使孩子变得更优秀。

图书在版编目(CIP)数据

唤醒孩子的内驱力 / 陈金平著 . — 北京:清华大学出版社 , 2023.6
ISBN 978-7-302-63818-6

Ⅰ . ①唤… Ⅱ . ①陈… Ⅲ . ①家庭教育 Ⅳ . ① G782

中国国家版本馆 CIP 数据核字(2023)第 106013 号

责任编辑:张尚国
封面设计:长沙鑫途文化传媒
版式设计:楠竹文化
责任校对:马军令
责任印制:宋　林

出版发行:清华大学出版社
　　　　　网　　　址:http://www.tup.com.cn, http://www.wqbook.com
　　　　　地　　　址:北京清华大学学研大厦 A 座　　　邮　　编:100084
　　　　　社 总 机:010-83470000　　　　　　　　　邮　　购:010-62786544
　　　　　投稿与读者服务:010-62776969, c-service@tup.tsinghua.edu.cn
　　　　　质量反馈:010-62772015, zhiliang@tup.tsinghua.edu.cn
印 装 者:大厂回族自治县彩虹印刷有限公司
经　　销:全国新华书店
开　　本:170mm×230mm　　　印　张:16.25　　　字　　数:135 千字
版　　次:2023 年 7 月第 1 版　　　　　　　　　印　　次:2023 年 7 月第 1 次印刷
定　　价:49.80 元

产品编号:096919-01

　　诺贝尔经济学奖获得者、美国心理学家赫伯特·西蒙在自传中写道，他"完全靠自己把握着自己的教育，很少向别人征求意见"。可见，要想让孩子提高主动性，关键还在于他们自己。

　　为了取得好成绩或者将事情做好，孩子们都在做着不同程度的努力，可是如果这种努力只是一种表象，而非源于内心的热情、喜爱、探索和追求，孩子就容易受外部环境的影响。在孩子的成长过程中，仅依赖外部的评价或物质奖赏是远远不够的，孩子应该更加理性地自省、自控、自我调整，获得自我成长。

　　个人的能力犹如海面上的冰山，我们只能看到露在表面的 10%，而不易发现剩下的 90%。虽然每个孩子都有巨大的潜能，但是他们依然需要不断地培养和引导；否则，潜能和才能就会像鲜花一样，最终枯萎、凋零。

　　激发孩子的潜能需要用正确的方法，而不是一味地施压。点燃孩子对知识的渴望，驱动他们主动学习，主动汲取知识，是家庭教

育的最高境界。想要将这把火点燃，需要一种力量，这种力量就是内驱力。

内驱力是在需要的基础上产生的一种内部唤醒状态或紧张状态，可以推动有机体产生一定的行为，满足需要。简而言之就是，如果一个人身上缺失了某种东西，就会感到很难受，继而推动自己去做点事情。对孩子而言，只有发现了自我价值，才能认识到主动学习带来的益处；而当孩子开始主动学习时，其内驱力就会促使他们积极主动地汲取知识，探索未知，真正进入主动学习的状态，深刻体会知识带来的成就感，对知识产生渴望……这种驱动力通常是无意识的，但一些不当的教育手段会在很多时候破坏掉它，比如：额外的压力、过度的惩罚或奖励等，有些来自家庭，有些来自学校和社会。

初生婴儿还睁不开眼睛时，就会伸开小手到处探索，抓抓这个，摸摸那个。这种与生俱来的内驱力驱使他们去了解这个陌生的世界。待孩子长大后，家长和学校为了引导他们学习，使用了一些不合适的惩罚或奖励方式，致使内驱力逐渐被外在动机所取代。

美国斯坦福大学和密歇根大学的两位心理学家做过一个著名的"画画实验"。

工作人员召集了 20 个年龄为 3~4 岁的对绘画感兴趣的学龄前儿童，将其随机分配到两个小组中，每个小组 10 人。

小组甲中，孩子们被告知，如果他们接受画画，训练十分努力，并且画得也很好，就能得到一份带有金色印章和缎带的证书。

小组甲中，孩子们被告知，他们选择画画作为自己的兴趣非常正确，希望大家认真对待，画画训练并不会得到任何奖励。

经过一段时间，心理学家发现：小组甲中的孩子主动性下降；小组乙中，孩子们自发作画的时间比较长，作品也更富有美感。原因何在？因为小组乙中的孩子都愿意主动画画，对画画有着浓厚的兴趣；而小组甲中的孩子，对奖励的渴望远大于对画画的喜欢，他们是消极的。

内驱力的巨大作用，由此可见一斑。

那么，家长如何唤醒孩子的内驱力呢？本书从认识内驱力、点燃梦想、改变观念、掌握方法、有效约束、少些质疑、重视计划、关注交往、重视阅读、敢于放手10个方面，给读者提供了方法和工具。案例典型，分析深入，方法得当，工具切实可行……是一本不可多得的育儿工具书。

记住，只有唤醒孩子的内驱力，他们做起事情来才能更主动，才能更大程度地发挥自己的创造力，即使没有家长的关注和约束，他们也能凭借内驱力，约束自己的行为，使自己变得更优秀。

目 录

第一章　内驱力——一种奇妙的力量 / 1

　　内驱力到底是什么？　/ 2

　　让孩子相信自己拥有变好的力量　/ 11

　　唤醒孩子的内驱力，优秀也能成为一种习惯　/ 19

第二章　点燃梦想，做事才会更踊跃　/ 29

　　案例分析：没有梦想的子骞　/ 30

　　梦想的背后掩藏着众多“幸运”　/ 34

　　有梦、筑梦、逐梦　/ 43

第三章　改变观念，引导孩子正确认识自我　/ 57

　　案例分析：不了解自己的韩雨　/ 58

　　了解孩子的自我认知发展规律　/ 63

　　巴纳姆效应：引导孩子以己为镜，塑造更好的自己　/ 69

第四章　掌握方法，孩子就能变被动为主动　/ 75

　　案例分析：学习一塌糊涂的明轩　/ 76

　　发现这 4 个现象，说明孩子在"无效学习"　/ 80

　　孩子需要掌握的 8 种高效学习法　/ 90

第五章　有效约束，自律的孩子更自觉　/ 111

　　案例分析：极度自律的可心　/ 112

　　与自律密切联系的 3 条心理学法则　/ 114

　　不自律的孩子，可能缺少 1 份《日常惯例表》　/ 126

第六章　少些质疑，被信任的孩子才有主动性　/ 131

　　案例分析：不被信任的欣妍　/ 132

　　被信任的孩子，究竟有多强　/ 135

　　对孩子表达信任的两个工具：相信和认同　/ 141

第七章　重视计划，认真规划的孩子不懈怠　/ 153

　　案例分析：不愿意制订学习计划的靖瑶　/ 154

　　凡事预则立，不预则废　/ 159

　　用 5 个适用的计划表格，激发孩子新动力　/ 165

第八章 关注交往，人缘好的孩子做事更积极 / 175

案例分析：跟同学关系恶劣的博文 / 176

儿童人际关系：垂直关系和水平关系 / 180

构建优质人际关系的 4 个秘密：倾听、分享、礼让、合作 / 187

第九章 重视阅读，在优秀作品中寻找驱动孩子的力量 / 201

案例分析：不喜欢阅读的君浩 / 202

最能给予孩子力量的图书类型：诗歌和名人传记 / 207

让孩子爱上阅读的好方法 / 214

第十章 敢于放手，孩子才能自己动起来 / 223

案例分析：被父母"禁锢"的杜玲 / 224

控制欲太强的父母都具备的基本特征 / 228

放手的 4 个工具：示范、理解、接纳、提示 / 237

后 记 / 249

第一章

内驱力——一种奇妙的力量

众所周知，个人的行为会受到需求的支配。当个人开始积极地去做某件事情时，无论是理性选择还是感性选择，内心深处都会产生一种驱使行为产生的信念或力量，都会对这件事产生一种最深的渴望。这种"渴望"，便是内驱力！

我们总能注意到，初中阶段成绩始终名列前茅的孩子通常都不需要他人的督促，他们之所以能取得优秀的成绩，主要依赖的还是自主式勤奋学习。到了高中阶段，孩子的年龄和认知能力逐渐增长，再加上知识的难度的增加，老师和家长的督促作用显得越来越弱，孩子的内驱力发挥着更加重要的作用。只有内驱力较强的孩子，才能提高学习的积极性，主动解决问题，取得理想的成绩。

培养孩子的内驱力对他们的学习和生活有百利而无一害。正如荀子对君子"慎独"的要求一样，即使在无人监管、无压力的环境下，君子也能严格要求自己，行为端正，不散漫无忌。其实，这也是提高孩子内驱力的真正意义。

内驱力到底是什么？

一位家长和自己的朋友有过这样一段对话。

家长："我家的孩子只要一到假期，都会先疯玩半个月，大人不在旁边看着他，他就不知道学习。往往只有临近开学，他才会废寝忘食地写作业，那种劲头，连我都想夸赞他。可是，平时的他，根本就不会这样，我都不知道该怎么办。"

朋友："不止你家的孩子，好多孩子也都这样。只要一说到学习，总能找到各种理由拖延，能拖就拖。他们根本就不知道，对于他们来说，最主要的是学习，应该主动学习。"

家长："我家就一个孩子，愁啊！我都长白头发了！

你是不是有什么好办法？"

朋友："我也不知道怎么办，我家的孩子今年上初一，我也是头疼得很。"

现实中，这样的对话经常出现，多数家长都只是发发牢骚，很少有人能找到具体的解决方法。其实，要想孩子主动学习，关键还要靠他们自己驱动。

孩子通常都无法控制自己的行为，容易受到各种诱惑，迷失方向。只有具备较强内驱力的孩子，才会屏蔽与学业无关的事情，有目的和计划地开展自己的学习活动。

家长通常比较羡慕"学霸"，这类孩子既不耽误玩耍，又拥有优秀的学习成绩。他们是如何做到的？关键在于他们有内驱力。那么，究竟什么是内驱力呢？

某幢楼一层住着一位老人，他一个人生活，每天吃完晚饭，就会安静地坐在门口乘凉。

不知道从什么时候开始，一群小男生放学后，每天都跑到他家门口的空地上踢足球，又喊又叫。老人上了年

纪，喜欢安静，无法忍受这种吵闹。

老人客气地把孩子们叫过来，问他们能不能不要在门口踢足球。没想到，为首的孩子一口回绝："我们最喜欢踢足球了，你管不着。"孩子们不仅没有离开，喊叫声反而更响了。

老人万分苦恼，跑去找朋友倾诉。朋友给他出了个主意，虽然他将信将疑，但没有别的办法，只能试一试。

第二天，老人再次将孩子们叫过来，跟他们说："我昨天不应该赶你们走，给你们道歉。这样吧，你们好好踢足球，最终获胜的那一队，我奖励每人五元钱。"

孩子们一听有奖励，都高兴坏了。为了赢五元钱，大家使出浑身解数，拼命地踢足球，最后获胜的小队每人赢得五元钱，开开心心地走了。

第三天，孩子们似乎更亢奋，踢得也更卖力，经过一通大汗淋漓的比赛，终于选出了优胜小队。他们笑呵呵地来到老人面前，结果老人只给了每人两元钱。虽然比前一天少了，但孩子们觉得也不错，仍然心满意足地走了。

第四天，孩子们踢得更加用心。当获胜的一队去找老人时，老人表现出很为难的样子，说："你们确实踢得不错，但是我已经没什么钱了，今天只能给你们每人五毛钱。"

孩子们听了恼羞成怒："我们踢得这么辛苦，你才给这么一点钱，是打发叫花子吗？以后我们再也不来给你踢球了。"

从那以后，孩子们再也没有来过，老人的生活也恢复了宁静。

在故事中，老人的奖励变成驱动孩子踢球的动力。为了得到老人的奖励，孩子们努力踢球，但当奖励越来越少的时候，孩子们就感到不满意了，自然就不愿意再踢球了。

这就是内驱力减少的典型例子。

在孩子的成长过程中，内驱力强大，才能有效地自我约束；仅靠外界的驱动，孩子的主动性就无法发挥出来。只有具有强大的自我约束力，孩子们才能与优秀为伴。

威逼孩子学习，孩子会认为学习是为爸爸妈妈学，并不会产生自主学习的动力。家长要培养孩子的内驱力，让孩子自主

学习，爱上学习，让学习成为孩子自己的事情。为了提高学习成绩，而一味地催促、胁迫孩子，时间久了，就会破坏亲子关系，家长也会束手无策。

一、内驱力究竟是什么？

爱尔兰诗人叶芝说："教育不是注满一桶水，而是点燃一把火。"只有点燃孩子对知识的渴望，培养他们主动学习，拥有主动汲取知识的热情，才能达到教育的最高境界。

那么，究竟何为内驱力？其实，内驱力是在需要的基础上产生的一种能够从内部唤醒有机体，使其处于紧张状态的力量，其可以推动个人活动，满足个人需要。简单来说就是，当一个人缺少什么东西了，就会感到很不舒服，这种缺失感会推动这个人做点事情。

内驱力与"需要"是同义词，可以替换使用。但严格来说，需要是一种主体感受，而内驱力却是作用于行为的一种动力。两者状态不同，又紧密相关。需要是产生内驱力的基础，内驱力是需要寻求满足的条件。

内驱力决定动机的方向和大小。稻盛和夫说过："真正决定一个人命运的，是强大的内驱力。"内驱力与动机的关系，就像孩子主动性和行为的关系，即内驱力影响着孩子的行为方向。

有一句话叫作"胡萝卜加大棒"，这句话的意思是，你听话，我就奖励你；你不听话，我就惩罚你。奖励和惩罚也是一种驱动力，但它们属于外部驱动力，跟内驱力比起来，外驱力有以下几个问题。

（1）不具有延续性。有了奖励和惩罚，孩子就可能行动；一旦没有，孩子立刻就会停止行动。

（2）无法实现责任的转移。学习是孩子的事情，也是孩子的责任，采用奖励和惩罚等办法，很容易把这种责任转嫁到父母身上，孩子会觉得学习是为了父母，如此，投入的程度自然就不高了。

（3）半衰期太短。父母把奖励和惩罚当成筹码，当这个筹码变得无效时，必须不断加大筹码，才能继续推动孩子学习。如果满足不了孩子，那时该怎么办？

相比外驱力，内驱力主要有这样几个好处。

（1）参与度高。具有较强内驱力的孩子，认为学习是自己的事情，是自己的责任，会自觉自愿地投入，不在意任何奖励和惩罚。

（2）行动持久。孩子把学习当成满足自身需要的事情，就会持续不断地行动。孩子越学越投入，就会不断探索新知，不断挑战难题。

（3）成就感足。没有奖励和惩罚的筹码，一旦孩子有所突破，内心就会觉得非常满足，更享受这种成功的喜悦。

二、奥苏·贝尔对内驱力的分类

美国认知教育心理学家奥苏贝尔认为，内驱力可以分为三种。

1.认知内驱力

认知内驱力是一种源于学习者自身需要的内部动机，要通过个体不断地取得成功而体现出来。孩子都渴望理解和掌握知识，这是他们自觉地好好学习的力量。

好好学习的内驱力有好奇心、"有收获的"预期、社会关系和外部环境，产生于三方面的动机，如表 1-1 所示。

表 1-1　好好学习的内驱力的动机组成

内驱力	动机
好奇心	孩子从出生的那一刻起，就具有探索的好奇心。这是学习的潜在动机
"有收获"的预期	可以通过学习，成功地获得知识和技能
社会关系和外部环境	身处鼓励学习、重视知识的大环境（家庭环境和社会环境），也可以促使孩子学习

2. 自我提高内驱力

所谓自我提高的内驱力，就是通过自身努力，胜任一定的工作，做出一定的贡献，取得一定的成就，赢得一定的社会地位。简而言之，就是我们所说的上进心。

从长远来看，自我提高的内驱力是一种追求"成就"的动机，可以促使孩子把学习目标指向将来要从事的职业和成就的远大理想。在学习期间，这种动机会使孩子们努力追求优秀的学习成绩。

自我提高内驱力是激发孩子努力学习的重要动力源泉。

跟"认知内驱力"相比，认知内驱力是一种直接的学习动机，自我提高内驱力则是间接、但更持久的学习动机。

在教育孩子时，培养孩子树立崇高的理想和远大的抱负，是激发孩子自我提高内驱力的有效措施。但是，过分强调"自我提高"的内驱力，也会助长孩子功利主义的倾向，使孩子过分追求成绩和名次，降低知识获取的兴趣。

要将"自我提高内驱力"和"认知内驱力"结合起来，让它们一起发挥作用，促进孩子热爱学习。

3. 附属内驱力

附属内驱力是指个人为了保持长者或权威人士的赞许和认可，表现出来的一种认真学习的需要。比如，孩子会为了赢得家长和教师的赞许而努力学习。

附属内驱力具有比较明显的年龄特征。在年龄较小的孩子身上，附属内驱力是学习的重要驱动。随着孩子年龄的增长和独立性增强，附属内驱力不仅会在强度上减弱，也会从师长身上转移到同伴身上。到了青少年时期，同伴的赞许或认可将成为一种有力的动机。

简而言之，内驱力的分类可以提炼成三句俗话：

好好学习（认知内驱），天天向上（提升内驱），获得嘉奖（附属内驱）。

让孩子相信自己拥有变好的力量

爱默生告诉我们，自信是成功的第一秘诀。内驱力是让孩子获得自信的力量之一。只要孩子相信自己的力量，深信自己一定能做成某件事，就能驱动自己积极努力，实现追求的目标。

1978 年，一位教授做过这样一个实验。

工作人员找来一群孩子玩拼图，观察他们的行为和情绪反应。拼图开始时很简单，后来变得越来越难。实验之前，教授就预料到，孩子面对困难时会有不同的反应。不出所料，伴随着拼图难度的增加，有些孩子开始抗议："现在一点儿都不好玩了。"后来，有的孩子实在受不了

了，要"放弃"，甚至直接将拼图扔到地上。

他没预料到的是"成功孩子"的表现。看到拼图越来越难，一个10岁的男孩拉来一张椅子坐下，搓着双手，大喊一声："我喜欢这个挑战。"还有一个孩子则露出喜悦的表情，直截了当地说："你知道吗？我期待这个拼图会非常有意思。"

为什么两类孩子在面对困难时会有如此大的不同？智商并不是根本原因，且不可改变。教授进一步发现，孩子之间的根本差异在于内驱力，自我内在驱动的不同，导致孩子们做出了不同的反应。

周女士出生于20世纪70年代，虽然父母都是普通人，只上过几年小学，却将三个孩子都培养成了大学生。后来姊妹三个都已经成家立业，每次只要一提起母亲，她们都会想起母亲和其他家长的不同。

在村子边上种着很多树，有几棵年代久远，长得很高，孩子们总喜欢沿着树爬上爬下。大人经过这里，看到孩子们爬树，一般都会呵斥："快下来，快下来，不然会摔断腿的。"而周女士的母亲却不这样。

有一天，姊妹三个和一帮小伙伴在树上玩得痛快，她们还伸出脚丫子在树枝上摇来晃去。到了晚饭时间，妈妈出来找她们吃饭，正好从这里经过。她们趴在树上，看到母亲，吓坏了，结果妈妈居然冲她们大喊："没想到你们还能爬这么高，太棒了！小心别掉下来。"姊妹三个陆续从树上爬下来，跟着母亲一起回家。

一个男孩情不自禁地轻呼："哇，你们的妈妈真是太棒了！"她们从同伴的语气和眼神中看到了惊讶和赞叹，知道大家都羡慕她们有一个与众不同的妈妈。

她们也庆幸自己有一个好妈妈，也为有这样的妈妈感到自豪。

案例中虽然是一件小事，却反映出对待孩子的两种截然不同的态度。前面家长的态度会扼杀孩子的好奇心和求知欲，不利于孩子自信心的培养；而周女士的妈妈却懂得孩子的心思，她的做法有利于保护孩子的探索精神，有利于培养孩子

的自信心。父母在养育孩子过程中的赋能，对孩子的内驱力有一定的影响。

一、内驱力对孩子的重要影响

学习的欲望不是靠别人给予的，而是孩子从自己的内心产生的，这种行为其实就是内驱力。学习中总是勤奋和认真的孩子，内心多半都对学习有一种独特的热情和坚持，甚至还能在学习中获得很多快乐。

可见，拥有强大内驱力的孩子，不需要父母的鞭策，完全可以自主学习。

1. 帮助孩子发现自我价值

所谓自我价值，就是个人对社会做出贡献之后，社会和他人对个人表达肯定并给予一定的回报，这种回报，包括获得尊严，以及一定的物质和精神条件。自我价值的实现，需要以对社会的贡献为基础，以答谢社会为目的。

幼年，孩子的自我价值是通过父母的接纳、肯定、承认、赞美、表扬、鼓励等方式逐渐建立起来的，其核心是自尊。当自我价值感很强的时候，孩子就会表现出自我完善的欲望，表现出向上向善的本性；如果自我价值为零，就会启动自我毁灭程序。

如果孩子有很强的内驱力，那么无论做什么事情，都心甘情愿，事情往往都能做得很好，也能更好地回报社会或创造属于自己的价值。

2. 有助于孩子形成自觉性

内驱力强的孩子，在学习的时候，一般都非常专注，完全沉浸于当下的学习任务，完成之后，还会产生一种充满能量的满足感。

在内驱力的影响下，孩子也会产生很强的自觉性，他们不会把学习当成一种任务，而是当作兴趣。他们会严格要求自己，不会半途而废。

3. 孩子更容易取得成就

有个女孩小时候被父亲强迫练习钢琴数年，一直考到

七级。从那之后，她就很少再碰钢琴了。成年后，她喜欢
上了打羽毛球。没人强迫她，她却不断精进，拿了很多业
余大奖。打球越久，她越喜爱羽毛球，训练也就成了她生
活的一部分。

同一个人身上的两次"坚持"，对坚持做了最好的诠释。
只有带着热情的、自我驱动的坚持，才能取得成就。天赋固
然重要，但仅有天赋而没有内驱力，也无法取得理想的成绩。
从这个意义上来说，内驱力是把天赋提高到又一个高度的助
推力。

成就卓越需要热情与坚持，二者缺一不可。对坚毅的最
好诠释是："做你所爱的事，并持续地去爱。"小小的内驱力
能够帮助孩子获得大大的成就。

二、孩子内驱力不足的原因

孩子之所以内驱力不足，主要原因不外乎这样几个。

1. 没有养成良好的习惯

兴趣是最好的老师，好的习惯是最好的助力。孩子养成了好习惯，就能提醒并督促他们全身心地投入，然而有的家长却并不重视。比如，孩子小时候，被妈妈送去学习舞蹈，因为需要压腿、下腰，有些疼痛，孩子不想学。开始的时候，家长可能会鼓励孩子坚持，但持续的时间长了，孩子可能会缺课，甚至慢慢不去上课。久而久之，孩子就会养成遇到难题就撂挑子的不良习惯。这种随意撂挑子的想法一旦根深蒂固，以后即使遇到一点困难，孩子也不会驱动自己努力坚持了。

2. 没有强烈的归属感

归属感强的孩子，会自发地为实现团体的荣誉而努力，这种动力就是内驱力。

父母不善于表达爱，即使孩子遇到困难，父母也不会说"我爱你"等关心之类的话。这时候，孩子就会觉得父母不爱自己，做事情也会有所松懈。

所以，为了激发孩子的内驱力，父母不管在言语上还是

在行动上，都要让孩子觉得有归属感。有了归属感，孩子才会有实现自我价值的基础。

3.缺少自我价值感

自我价值感是个人对自己能力的肯定。价值感越高，越觉得自己重要，自律性也就越强，内驱力就越大。孩子的价值感来源于父母的肯定。而现实生活中，一些父母扮演着"监工"的角色，只注重结果，只要孩子所做的事情达不到要求，就会对孩子发脾气或置之不理；即使孩子进步了，也不说一句肯定的话语。如此，就会使孩子的自我价值感缺失，内驱力消退。

唤醒孩子的内驱力，优秀也能成为一种习惯

作家林清玄曾说：

我是一个从小被唤醒了内心种子的人，小学三年级就立志当作家。我坚持每天写字：小学时，每天写 500 字；中学时，每天写 1000 字；高中时，每天写 2000 字；大学时，每天写 3000 字。一直坚持，我在 17 岁开始发表作品，一生出版了 100 多本书。

学习懒散、做事拖拉、过一天算一天，缺少内驱力的推动，对自己没有良好的认知，自然也就不能取得成绩，更不可能变得优秀。

内驱力是个体自发产生的一种具有驱动效应的力量，具备内驱力的孩子不会被外界挫折所阻碍，也不会被别人的声音所左右，他会把所有力量都放在如何更好地前进上。

在职业越野摩托车圈，女车手少得可怜，因为这个项目异常危险。

车轮滚滚，浑身泥泞，男车手感到很好奇，问一个女孩："你怎么会喜欢这个？女生不是都喜欢毛绒玩具吗？"

女孩没有回答，但心里默默地回了一句："因为喜欢！"

女孩刚学骑摩托车时，妈妈觉得："女孩子怕疼，她试试，就会知难而退了。"结果，女孩一坚持就是一年多。

后来女孩摔伤头，直接休克。妈妈禁止女儿再练，但女孩一定要坚持。以她目前的成绩，参加女子比赛，很可能会拿冠军。但遗憾的是，女子比赛越来越少，她只能参加男子比赛。男子级别分为 AB 组，她的成绩大概位于 B 组的前四。成绩并不耀眼，女子很难在男子赛车比赛中脱颖而出，但女孩表示："未来我会一直把它当作职业。"

看到这样的孩子，多数家长都会心里发酸，自家孩子怎么逼都不愿意学习，别人家的孩子却反推着父母支持，到底怎样才能把孩子培养得这么好？其实，这里发挥巨大作用的就是内驱力。

外表总是表现得努力勤奋的孩子，如果"内心动作"并不是源于热情、喜爱、探索和追求，那么很可能是被某种外部评价或客观物质的获取而驱动，因此，孩子那些表象中的坚持和努力并不能证明他已拥有了强大的内驱力。

培养孩子的内驱力，一定要有唤醒孩子的"内心"的动作，而非仅仅是表象动作。

也就是说，把"要我学"变成"我要学"，把外界的压力转变为内在、向上的能量。引爆孩子内驱力的方法有以下几个。

1. 把选择权还给孩子

如果父母的控制欲太强，那么不仅会让自己感到焦虑，还会让孩子陷入焦虑。控制欲太强的父母，往往会培养出没有方向和目标、自我管理能力差、丧失"内驱力"的年轻一

代。研究表明，只有让孩子感到能够主导生活，才能产生真正的自主能动性。不管是学习，还是生活，父母都要把掌控权还给孩子，并清楚地告诉他们：学习是自己的事，要对作业和成绩负责。拥有"掌控自己人生"的选择权，才能拥有更强的内驱力！

2. 用赋能、唤醒和爱滋养孩子

与其用打击式教育为孩子的人生蒙上阴影，不如让赋能、唤醒、爱成为孩子成长的底色。孩子最大的底气来源于父母的赋能、肯定和看见。受到的肯定越多，孩子的行为和性格会越好。著名的教育家史宾塞曾经说过："对孩子的一次喝彩，胜过百次训斥。赋能、喝彩和鼓励可以让自卑的孩子走出泥沼。"对于孩子来说，父母的赋能、喝彩和鼓励意味着肯定，孩子会因此充满自信和前进的动力，让自己变得更优秀。

3. 了解兴趣，重视孩子的隐形需求

激发内驱力需要兴趣做引导，在日常生活中，家长要多观察孩子，了解孩子感兴趣的事情；可以通过孩子感兴趣的

事，调动他们的积极性。

作为一个生命体，个人除了生存发展的本能需求外，心理需求是隐形的，但不容忽视，有着巨大的影响力。

父母不仅要帮助孩子培养学习的内驱力，还要强化孩子在学习过程中积极的、正向的心理体验。让孩子在一次次进步中感受到自己的能力，体验到自身的力量，建立真正的自信，并获得更好的内驱力。比如，写作业的时候孩子说"我不想写"。听到这句话，家长先不要生气，既然孩子不想写，一定有不想写的原因，不如听一下孩子的想法。问问孩子是不是在学校中遇到了什么问题，或者孩子是不是有什么其他想法。

4. 帮助孩子找到兴趣

村上春树说："喜欢的自然可以坚持，不喜欢的怎么也长久不了。"喜欢是一切的原动力，一旦喜欢某件事，无论怎么样，孩子都愿意奉献，并甘之如饴。世界之大，充满各种可能性，应该鼓励孩子多去尝试。只有大胆走出去，才能慢慢找到内心热衷的事物。父母要给孩子自由。不管孩子做什么

事情，都不要干预，让其先投入一段时间试试。了解是喜欢的前提，等孩子对事物有了一定的认知，再谈是否喜欢。

5. 多让孩子体验自主感

孩子在成长的过程中，家长不应该给孩子过多的干涉和保护，适当放手才是对孩子最好的爱。面临选择时，要尽量让孩子做主，因为孩子只有自己能做主，才能获得自主感。什么事都替孩子做决定，孩子永远也长不大。

6. 多让孩子体验自我胜任感

自我胜任感也叫自我价值感，是指个人在做成功某些事的时候获得的一种积极的自我价值体验感。如果孩子什么事都做不成，自信心就会受到打击，就不愿意尝试和努力了。相反，如果他总是能做成事，自我胜任感就会很强，就会更积极主动。所以，想让孩子有更多的内驱力，家长就要有意识地帮助孩子多体验成功的感觉。孩子经常能从自己做的事中体验到成就感和胜任感，做事就更有冲劲了。

7. 给孩子正面的反馈

获得正面的反馈，孩子就会发生一系列的变化，会感到自豪、愉悦、快乐。孩子内心得到满足，就能产生良好的表现。这种表现是自发的，不需要借助外力，孩子会越做越好，会觉得自己很棒，很有成就感。因此，当孩子自发地学习或做一件事情的时候，父母要及时给予正面反馈，让孩子获得成功体验，在成功体验中孩子获得良好的感觉，并且知道自己这么做是对的，进而把有效的行为进行固化。

8. 帮助孩子树立良好的价值观

从本质上来说，价值观是长久保持学习内驱力的保证。人天生是好奇的、渴望学习的，因为只有学习，才能让我们适应这个社会，更好地生存。对于人来说，能够生存的前提就是不停地学习，学习是贯穿人类一生的活动。家长要引导孩子相信并看到学习是有意义的，并且每个孩子对于自己、对于家庭和社会都有学习的责任。家长可以从这两个角度，帮助孩子在价值观上认可学习的重要性。

9. 不给孩子贴负面的标签

很多时候父母觉得只要孩子更上心一点、更努力一点，就能学好知识。但是真实的研究告诉给我们，很多时候不是孩子不够努力，而是由于学习技能的缺失，使他们无法从学习活动中获得成功体验，所以他们不愿意学，导致能力越来越差，形成一个恶性循环。

孩子学习动力不足，家长不能简单地归因于懒惰、不上心、不负责任，要坐下来跟孩子一起讨论，了解真正的原因。

对于长期的有延续性的内驱力不足，家长要去寻求专业机构的帮助，尽快帮孩子解决问题。

10. 鼓励孩子在生活中探索

孩子良好内驱力的形成，离不开家长的观察和发现。家长要求孩子不停地做题，不如和孩子一起进行多样的亲子活动，在活动中进行提问，引发孩子思考，再引导孩子找到解决方法。引发孩子在实践中寻找答案，是唤醒孩子对知识好奇的一个重要因素。

课堂学习只是孩子生活中的一部分，家长要想让孩子对学习保持长久的内驱力，就不要把眼光只盯在学习和学业上。学习，在生活中处处都有。父母通过有效的提问，引导孩子对问题展开深入探究，激发孩子的好奇心，让生活中的事情都能成为学习的对象。

如果孩子在生活中的好奇和探索得到家长的肯定与支持，那么孩子就能产生更高的、更持久的、更深远的学习内驱力。

11. 允许孩子有自己的热爱

孩子小时候，对于一些事物的热爱是与生俱来的。比如，蹲在地上看蚂蚁，一看就是大半天；喜欢玩小汽车，家里百分之九十以上的玩具都是小汽车；喜欢搭积木，可以坐在地上搭半天。

孩子做这些事情，会沉浸其中，非常享受。但是，多数家长只希望孩子热爱那些对成绩有帮助的事物，不停地纠正孩子，慢慢地孩子也就放弃了自己真正的兴趣，最重要的是对自己的想法、自己的行为产生了怀疑。

孩子的一些热爱，被父母在慢慢的纠正与唠叨中随风而逝，而孩子对父母认同的事物又没有兴趣，渐渐地孩子也就

没有追求自己感兴趣的事的热情了，孩子的内驱力就这样慢慢消失了。

12. 允许孩子适时退出

所谓的热爱，都需要经过体验才能发现。所以，如果孩子尝试后，发现自己真的不喜欢，那么家长千万不要逼孩子继续坚持，要允许孩子退出，以免孩子在不擅长、不喜欢的地方遭受太多的挫折，创造了更多的不良体验。如此，孩子的心态才能放松下来，也会勇敢面对下一次尝试。但是，退出之前，父母要做到以下两点。

（1）确保孩子确实努力过，可以设置一个看得到的小目标。

（2）要与孩子总结退出的原因，比如，跟不上老师的传授方式，不喜欢同时学习的小朋友，不满意自己的进步，需要更多的练习，感到学习单调，等等。同时也要让孩子面对放弃的结果，让孩子在行为与结果之间建立联结。

第二章

点燃梦想，做事才会更踊跃

梦想，是个人努力的驱动器。孩子心中有了梦想，就会为此努力，就能提高学习或做事的积极性，更容易事半功倍。

每个孩子的生命里都有梦想的种子，家长要努力发现、呵护和培养，要多观察、多倾听，与孩子多交流。

在孩子年幼的时候，就对他们进行梦想教育。从他们的兴趣入手，发现他们的潜能优势，点燃他们的"梦想"，让他们为实现梦想而努力。

如果孩子的梦想与家长的期待差别较大，家长要尊重孩子对自己的"梦想"的选择，不贬低，不蔑视。

孩子确定了梦想后，家长要守护孩子的梦想，陪伴孩子努力实现梦想，不要包办代替。

为了帮助孩子实现梦想，要设定实现梦想的路径，制定实现梦想的里程碑，找出现实状况与理想状态之间的差距，再引导孩子采取必要的措施。

当然，梦想是个很宽泛的概念，孩子的"梦想"既不能仅确定为考上某所大学，也不应该是考得某个名次，要以孩子的兴趣为基础，跟孩子一起设计人生奋斗的目标，驱动孩子实现梦想。

案例分析：没有梦想的子骞

案例

　　作文课上，语文老师在黑板上写下几个大大的字——"我的梦想"，然后，她让孩子们说出自己的梦想。

　　孩子们纷纷举手，似乎每个孩子都有很多话要说。

　　即兴发言之后，老师让孩子们把自己的梦想写下来，时间是20分钟。孩子们立刻摊开作文本写起来。

　　时间一点点过去了，10分钟后，老师用目光扫视了一下教室，发现子骞咬着笔杆，居然一个字也没写。老师走下讲台，靠近子骞，拍拍他的肩膀，示意他抓紧时间："为什么不写？"

　　子骞回答："我不会写！"

　　老师问："问题出在哪儿？"

子骞低着头，小声说："我没有梦想。"

老师有些后悔，她应该在课前对梦想多做一些铺垫，讲一些居里夫人等名人实现梦想的故事，来激发他们。

老师提示子骞："你不想做科学家吗？"

子骞摇摇头："不想。"

"医生呢？建筑师？或者当一名教师……"

子骞依然摇头。

老师问他："那么，你长大后想做什么？不一定非得是科学家、医生，即使做普通劳动者也行，只要是对社会有用的人。"

子骞低着头，将整张脸都埋到作文纸上："我什么也不想做。"

老师接着问："那么，长大后，你如何养活自己？如何照顾父母？"

子骞感到有些茫然，说："我妈开着一家花店，她说等我长大了就给我。"

老师沉默了一会儿，然后静静地看着台下的学生："孩子们，我要表扬子骞。首先，他非常坦诚，明白写作就是要写

自己真实的感受，因为他现在还没想好长大后要做什么，所以宁可不写。其次，他非常慎重，他一定是在寻找梦想的路途上，对吗？子骞。"

"嗯。"子骞点点头。

"确定梦想确实不是一天两天的事情，要参考自己的兴趣、爱好、担当和责任等多种因素，所以即使你现在没有梦想，也不要惶恐，要脚踏实地地学习。也许突然有一天，心中就会生出梦想。当然，只有梦想还远远不够，要想实现自己的梦想，必须拿出十二分的勇气和力气。"

听了老师的话，孩子们低头开始写作。老师走到子骞身边："老师重新给你布置一道题目，就写'我长大想过什么样的生活'。你可以自由发挥，想到什么就写什么。"

分析　　梦想是人生的奋斗目标，是对未来生活的追求，是对美好前程的向往，对个人的成长意义重大。孩子心中拥有梦想，就会朝着既定的方向前进，在学业和事业上创造出成绩。而且，孩子追求的目标越高，发展得就越快，对社会也就越有益；孩子没有理想，就会失去前进的方向和动力。

童年、少年时期是志向形成的关键阶段，父母在这一阶段抓好立志这一根本环节，就能为孩子的人生奠定良好的基础。童年的梦想决定着孩子的未来定位，这个根深蒂固的自我定位将贯穿和影响孩子的一生。

没有梦想的孩子，不管他的智力有多好，内驱力都不足，都无法取得理想的成就。现实生活中，很多有真才实学的人最终沦为平庸，主要原因就在于，他们不管做任何事情，只要达到一定的高度就容易满足，不再有进取之心，无法再上新的台阶。而从小志向远大的孩子，不管做任何事，都不会满足于现状，他们渴望追求完美和最高境界，取得一定成绩后，总有更上一层楼的决心和气概。这样的人不成功于此，必成功于彼。

威尔逊说过："我们因梦想而伟大，所有的成功者都是大梦想家：在冬夜的火堆旁，在阴天的雨雾中，梦想着未来。有些人让梦想悄然绝灭，有些人则细心培育、维护，直到它安然度过困境，迎来光明和希望。而光明和希望总是降临在那些真心相信梦想的人身上。"因此，为了提高孩子的内驱力，父母千万不能错过孩子梦想教育的最佳时期。

梦想的背后掩藏着众多"幸运"

梦想，其实是一个老生常谈的话题。至于对它最直观的评价，有一位家长曾说："养个有梦想的孩子至少能给家长省一百万元。"这句话虽然说得有些夸张，但也有一定的道理。因为孩子心中有梦想，就会对很多事情有主动的求知欲，会认真规划自己的未来，坚定地朝着目标前进，对生活充满热情。

梦想的背后，隐藏着许多深意，包含着许多动力。

一、失去梦想的孩子缺少前进的方向

为了梦想而活、有梦想可以追寻的人是幸福的，"为中华之崛起而读书"何尝不是一种对梦想的执着和追求？

有梦想的孩子，才能有目标，才能提高做事的主动性，生活才能有意义。

为什么孩子不爱学习？怎样才能让孩子变得爱学习呢？孩子不爱学习，并不是因为他天生不适合学习，而是因为对于学习，他没有明确的目标，倦怠之心被勤奋淹没了。

男孩身上没有太大的缺点，就是没有志向。有一次，妈妈问他，今后有没有什么计划。男孩是这样回答的："除了混吃等死，我什么都不想，因为我嫌累！"没想到孩子会说出这样的话，妈妈感到很惊讶，为什么孩子没有志向？

其实，生活中这样的孩子并不少见，很多孩子表现出来的样子就是胸无大志。为什么会这样？归根结底，还是跟他们梦想的缺失有关。

现在社会出现了很多"佛系青年"①，他们生活随意，不看重身边的一切，云淡风轻，口头禅基本就是："就这样吧，

① 网络流行词，指追求平和、淡然生活方式的年轻人。

算了，还可以，我觉得挺好。"

一位协助孩子进行高考志愿填报的老师记录了自己与某位学生的对话：

老师问："同学，你喜欢什么？"

孩子茫然地说："没什么特别喜欢的。"

老师问："想学什么？"

孩子再次茫然地说："我也不知道。"

老师问："对自己的未来规划是什么？"

孩子还是感到一阵茫然："不知道哇。"

老师问："你有梦想吗？"

孩子回答："都说梦想很丰满，现实很骨感，要梦想干什么？"

"我想躺平^①。"

……

可以想象，这位学生多半也会成为"佛系青年"中的一员。

———————————

① 网络流行词，表示顺从心理，貌似妥协放弃。

　　佛系青年追寻的是一种超越物质的终极价值所在。但如果孩子也变得"佛系"，那么他们可能彻底迷失，彻底丧失追求梦想的动力，家长再回过头来跟他们谈梦想，意义就不大了。

　　对于父母来说，让孩子拥有看得见的梦想，陪着他们一同守护梦想，比单纯追求分数、课本知识重要得多。

　　史蒂芬·霍金虽然是一个残疾人，不能说话，不能走路，也不能写字，却成为最伟大的科学家之一。史蒂芬·霍金说："人若没有梦想，不如去死。"没有梦想，个人就会失去动力，没有方向，也就没有希望。很多孩子的学习没有动力，眼睛里充满了迷茫，主要原因就是没有梦想，不知道学习究竟为了什么。

　　孩子没有目标、没有梦想，就会失去前进的方向，如同没有目标导向的飞机，根本不知飞向哪里。梦想就是一束光，可以引领孩子不断前行，消除所有的险阻。

　　孩子之所以胸无大志，根本的原因是他们没有梦想，只知道混吃等死，根本就没有所谓的理想，只能停留在原地不动。这类孩子的显著特点是，觉得生活是一成不变的，不想

做出改变，能够安然地过好当前的生活足矣。

他们的期待感不高，不会追寻自己想要的一切。如果父母目光短浅，孩子也会效仿父母，成为一个慵懒的人。那么，缺少梦想的孩子到底有多可怕？

1. 生活没有动力

没有梦想的孩子最大的问题就是生活没有动力，他们觉得自己的生活没有任何意义，不会将自己的所有精力都投入当前的生活。这是非常可怕的！因为一旦丧失了生活的动力，孩子可能连人生的轨迹都找不到了。

2. 不喜欢思考

没有梦想的孩子不喜欢思考问题，觉得安于现状是最好的选择。其实，人生的选择数以千计，只是他们懒得选择而已。这类孩子很容易被周围的孩子超过，一辈子碌碌无为。

3. 行为懒惰

没有梦想的孩子会伴有懒惰的行为，不知道如何填补自己空白的人生，只会停留在原地，不作为。

二、有梦想的孩子，拥有无穷的力量

一棵大树的种子和一个豆子的种子一起躺在泥土里，离得不远，都刚刚发芽。不过，豆子的种子长得特别快，茎叶非常茂盛；大树的种子生长得很慢，刚冒出小芽。

豆子看不起大树，骄傲地说："你看，我的叶子长得这么茂盛，我比你长得快，也比你长得粗。"

大树没理它。过了一段时间，大树种子的芽片慢慢长大了，又长出了很多新叶子，超过了豆子的茎叶。

又过了一段时间，大树的种子长成了小树苗。但豆子却枯萎了。

没过几年，小树苗长成了大树。那个豆苗好像没出现过一样，早已消失。

同样是一粒种子，为什么有的种子能长成参天大树？有的种子只能变为一棵豆苗？同样，为什么有的人可以成为伟人？有的人只能平平淡淡过一生？梦想起着决定性作用。俗

话说"种瓜得瓜，种豆得豆"，在孩子的心里种上一个世界，他就能收获一个宇宙。梦想的重要性可见一斑。

树立梦想是孩子走好人生之路的重要前提，是其健康成长的必要条件。只有明确了梦想，孩子才能在梦想的召唤下不断拼搏，克服重重的困难，取得骄人的成绩。父母必须让孩子明白，人的生命是有限的，要使有限的生命有意义，就要明确奋斗目标，在目标的指引下沿着正确的人生道路前进。

哈佛大学曾做过这样一个研究。

一群意气风发的天之骄子即将从大学毕业。他们的智力、学历等基本上都差不多，在踏上社会这个广阔的天地之前，哈佛对他们进行了一次关于人生理想的调查。结果如下：27%的人没有理想；60%的人理想模糊；10%的人有清晰但比较小的理想；3%的人有清晰而远大的理想。

25年以后，哈佛再次对这群人进行了跟踪调查。结果如下：3%的人，在25年间一直朝着一个方向不懈地努力，几乎都成为社会各界的成功人士，不乏行业领袖和社会精英。10%的人，不断实现小理想，成为各领域的专

业人士，大多生活在社会中上层。60%的人，安稳地生活
与工作，都没取得特别的成就，几乎都生活在社会的中下
层。剩下27%的人，没有理想，没有目标，过得不如意，
常常抱怨社会，抱怨他人，抱怨这个"不肯给他们机会"
的世界。

儿童心理学家认为，梦想对孩子的成长有着巨大的牵引
力，鼓励孩子追梦会使他们产生强大的内驱力。即使在追
逐梦想的路上遭遇挫折，孩子也会勇敢前行。演说家安东
尼·罗宾说："当你能飞的时候就不要放弃飞，当你能梦的时
候就不要放弃梦。"

梦想是人生道路上的奋斗目标，是立在远方的一座灯塔。
如果航行中不知道旅程的终点，那么任何方向的风，对孩子
来说都是逆风。梦想对孩子的影响可以概括为这样几个方面。

1. 有了梦想，就有了目标

孩子的学习能力和记忆力都比较强，从小培养孩子的梦
想意识，孩子也就有了前进的方向，为梦想的实现打下了基

础。梦想是学习的动力，在孩子拥有梦想的时候父母要对他们进行必要的引导，让他们知道达成梦想需要具备什么技能。然后，鼓励孩子确定学习目标，朝着目标努力。

2. 有了梦想，就有了自信心

孩子没有梦想，会没有方向感，容易随波逐流，一旦做错了事情，就会感到失落，甚至自卑。有梦想的孩子则不会这样！因为他们有清晰的方向，知道现在的状态只是暂时的，不会因为某一次的失败而陷入自责状态。他们会总结失败的教训，更好地面对接下来的挑战。他们有足够的自信心，相信自己能够战胜困难，即使失败了，也会重新站起来，继续迎接挑战。

3. 有了梦想，意志力才能更坚定

梦想是孩子成长道路的指明灯，在追逐梦想的道路上，孩子也能变得更坚强。只要确定了目标，他们就不会随意动摇，会不断努力拼搏。他们不会因为旁人的嘲讽而失落，也不会因为某一次的失败而对自己产生怀疑。他们知道，追求

梦想的道路异常辛苦，只有意志力坚定，才能离梦想越来越近。

4. 有了梦想，才能动力十足

兴趣是孩子坚持的最大动力，其实梦想比兴趣更重要。有了梦想的支撑，孩子才能产生充足的力量，不断向前努力。家长要做的，就是不浇灭孩子内心的这团火焰，引导他们将梦想坚持下去。

有梦、筑梦、逐梦

罗伯·舒乐有句名言："不是每个人都应该像我这样去建造一座水晶大教堂，但每个人都应该拥有自己的梦想，设计自己的梦想，追求自己的梦想，实现自己的梦想。有了崇高的梦想，只要矢志不渝地追求，梦想就会成为现实，奋斗就会变成壮举，生命就会创造奇迹。"点燃梦想，孩子做事才能

更积极，才能更加主动。

梦想实现的过程，其实就是一个有梦、筑梦、逐梦的过程！

一、有梦

梦想是一粒种子，种下什么样的种子，就能结什么样的果；心怀什么样的梦想，就能成就什么样的人生。孩子就是一粒种子，心中都会怀有自己的梦想，有人喜欢当医生，有人想当作家，有人想当老师，有人想做生意，有人想搞科研……心怀这样的梦想，通过不懈的努力，多半都能达成梦想。父母的主要工作就是帮助孩子了解自己，引导他们发现自己的梦想，然后在他们心中栽下一颗梦想的种子。

两个中学生认识了一位生物学家。生物学家告诉他们，中国有一种叫白头叶猴的濒危动物，在广西只有200只。人类要了解它们的生活习性，保护它们。从此，两个孩子就有了一个梦想。

从 2003 年开始，两个孩子就利用寒暑假跟踪调查白头叶猴。这种猴子平时很难看到，一些老猎人一辈子都没看到过。他们的调查，遇到很多困难。

茫茫的原始森林，到处都是野兽和虫子。每天在睡觉之前，他们都得先抖抖被子，看看里面是否有蛇。早晨起来，先抖抖脚，看看有没有蝎子。

一天，两人太累了，打算休息一下。女孩一屁股坐在地上，瞬间感觉不对，察觉腿上有东西在爬。低头一看，原来自己坐在了蚂蚁窝上……这种事情，他们遇到的不是一次两次，只不过由于心中有一个梦想，所以信心十足，最终他们在大森林里终于观察到了白头叶猴。

两人发表了论文，在"世界少年科学家大会"上获得一等奖。最后，凭借优异的成绩，男孩进入清华大学，女孩进入北京大学。

怎样帮助孩子从小找到属于自己的梦想呢？父母要在孩子幼小的心灵中播下各种种子，比如：文明的种子、守纪的种子、团结的种子……同时，还要播下梦想的种子。

只要细心观察，家长就能发现孩子有天赋异禀的一面。

（1）孩子平时坐不住，但听到音乐就会安静下来，也许他在音乐方面有着极大的天分。

（2）孩子喜欢在纸上、墙上乱画，不要急着批评，这样的孩子可能有美术天分。

（3）孩子喜欢在人多的时候表现，模仿各种人物的说话和行为，这样的孩子可能具有表演天分。

每个孩子都有梦想，虽然它可能很平凡，但它会转化为让孩子奋进的信念，成为让孩子发光的力量。那么，如何让孩子树立正确的、可实现的梦想呢？

1. 了解孩子的想法

强加的梦想不是梦想，而是一种包袱或压力。在引导孩子寻找梦想的时候，父母要从孩子的内心出发，倾听孩子最真实的想法。孩子内心深处都有自己喜欢的事，只不过有些孩子并不知道怎么表达。家长要耐心地跟孩子沟通，找出孩子的梦想，帮孩子确立目标，跟孩子一起为梦想而努力。

2. 支持孩子的兴趣和爱好

孩子年龄小，社会阅历不足，思想不成熟，对外界充满好奇，所以喜欢的事会一直处于变化中。父母要关注孩子的兴趣和爱好，尽量给予一定的支持。不过，这里的支持并不是无条件的，比如，孩子喜欢画画，正式开始学习前要跟孩子做好约定。如果孩子想放弃之前的兴趣，重新学习其他的课程，也要有足够的理由，并立下相应的规矩。

3. 让孩子多阅读名人传记

名人的榜样力量是巨大的，平时父母可以有意识地让孩子多阅读一些名人传记，从中汲取精神营养，让孩子从名人事迹中找到自己的梦想。

4. 主动赋能孩子

有些孩子虽然有梦想，却不断遭受质疑，有些孩子受不了，就选择放弃。只要孩子选择了坚持，相信可以实现梦想。外界的质疑不可避免，家长要为孩子赋能。对待孩子的梦想，家长要进行鼓励和引导，不要逼迫孩子，要与孩子一起描绘

梦想实现的画面，让孩子更加坚定内心的梦想。

5. 尊重孩子的梦想

无论怎样，只要孩子有梦想，家长就应该尊重，即使这些梦想很难实现。如果孩子的梦想是成为宇航员或科学家，家长不要觉得这是天方夜谭，因为每个人的潜力都是无穷的。拥有梦想，为之坚持，是孩子的权利。家长要尊重孩子的梦想，让孩子知道梦想是伟大的。随着身心的不断成熟，孩子的内心就会更加坚定，朝着自己的梦想一步步前进。

二、筑梦

千里之行，始于足下！要想成就伟业，不仅要有梦想，还要采取实实在在的行动。

高中时期，父母的专制教育激发了李玫的叛逆心理。老师管教无效，父母恨铁不成钢，一点儿办法也没有。让人想不到的是，在高二那一年，李玫发生了改变。

高二那年暑假，正在读研究生的表哥在她家玩，李玫和表哥有了更多的接触。

一天，她问表哥是如何考上研究生的。

表哥说："考研究生也不难啊！"

李玫感到异常惊讶，因为在她的印象中，考研究生非常难。

表哥说："我从小就想当新闻主播，一直朝这个方向努力，不知不觉，就考上研究生了。你长大了想干什么？"

李玫回答："我也不知道。我喜欢旅游，希望自己将来能环游世界。"

表哥肯定地说："不错！旅行家！"

李玫有些不好意思："其实，我就是喜欢玩！"

"会玩也行啊！如果你能玩出名堂，也不错！比如，旅游，就涉及很多环节，路线规划、摄影……这些都需要你提前准备。如果想出国旅行，还要学习几门外语。"

李玫有点不敢相信："太难了吧！我的英语一点儿也不好。"

表哥肯定地说:"怎么不行?只要为了梦想而努力,一切皆有可能!"

表哥的这番话让李玫豁然开朗,从那以后,她就像换了个人似的,开始玩命地学,成绩开始突飞猛进。

李玫的故事让我们真正见识了梦想的力量。孩子真心追梦时,家长要帮孩子圆梦,成为孩子圆梦的好帮手。

1. 帮助孩子激活梦想

在一些孩子的眼里,梦想只是一个念头,一闪而过。拥有梦想容易,放弃梦想也很容易。因此,家长不仅要提醒孩子"梦想是一生的承诺",更要充分利用梦想的激励作用,鼓励孩子一步一步走向成功。

家庭教育的一大目的就是开发孩子的智力,培养他们成才,然后服务于社会,为社会创造财富。为此,父母要不断地引导孩子,激活他们的梦想。

幼儿时期,可以通过讲故事、看电影等激发孩子的梦想;小学时,可以让孩子阅读名人传记,激发孩子的梦想;中学时期，孩子已积累了一定的文化知识，个性得到发展，有了一定的兴趣爱好，家长可以从他们的爱好和感受出发，引导孩子树立带有职业性质的理想。

如果孩子喜欢绘画，就可以从绘画角度，让孩子接触这个领域的人与事。先让孩子描摹景物和人物，再鼓励他做个画家，然后引导孩子将个人理想与社会需要联系起来，激活孩子具有强烈的事业心和使命感的社会理想。

梦想是深藏在孩子内心深处最强烈的渴望，是一种挥之不去的感觉和潜意识。梦想是目标，是孩子自我形象的梦想化。梦想是力量，是孩子成长的发动机，是成就事业的原动力。激活梦想，等于为火箭加注燃料。

激活孩子的梦想，孩子就能产生强劲的内驱力，想办法克服困难，会在学习、工作中坚持不懈，创造不辍，开拓进取，勇往直前，持续获得愉悦的情感体验。

2. 引导孩子分解梦想

许多孩子并非没有梦想，而是缺少追求梦想的勇气。他们之所以半途而废，并不是因为实现梦想太困难，而是因为

梦想太遥远。

梦想是伴随着无数个小梦想的实现而最终实现的。家长可以指导孩子将遥不可及的梦想逐一分解，分成若干个小梦想，制订一步步实现梦想的方案和实施策略。只有把梦想细节化、具体化，孩子才能在具体的实践中付诸行动，目标越明确，实现的概率就越大。

梦想源于生活却超乎现实，实现梦想要经历一个漫长的过程。追逐梦想像上楼梯一样，一步一个台阶，就能脚踏实地向前迈进。每前进一步，达到一个小目标，都会体验到成功的喜悦。这种成功的经历，必然会激励孩子持之以恒地实现下一个目标，直到梦想成真。

3. 拓宽孩子圆梦的视野

增加孩子的见识，如同让其站在巨人的肩膀上，可以使其看得更远更清晰。此时此刻，梦想虽遥远但是也很耀眼，所以孩子追梦的行动一定会更坚定。

伟人往往都有成功实现梦想的经历。让孩子从小立下伟人志，追寻伟人的足迹，就更有可能获得成功。

（1）读名著、赏名画、观名景也能增长孩子的见识。家长可以带领孩子读万卷书，行万里路，开阔眼界，启迪智慧，磨砺意志，坚定孩子实现梦想的信念。

（2）家长可以通过书籍、照片、光盘、网络等方式，让孩子了解伟人成就梦想的艰辛历程，吸收伟人的经验与教训，铸造一把适合自己破解梦想之锁的钥匙，打开梦想之门。

人世间的一切奇迹都是梦想成真的结果。孩子的成长过程就是不断实现梦想、创造奇迹的过程。梦想是一个目标，心存梦想，孩子才能赢得更多的机遇。

4. 重视梦想的个体差异

孩子的梦想存在个体差异。比如，男孩与女孩的梦想不同，即使对于同龄孩子，梦想也可以分为四个层次，如表 2-1 所示：

表 2-1　梦想的不同层次

层次	说明	家长指南
第一层	没有梦想	家长要多给孩子讲一些伟人为梦想而奋斗的事例，激励他们迸发出梦想的火花
第二层	追求功利	家长要明确提出健康的梦想目标，引导孩子树立正确的梦想
第三层	好高骛远	家长要教育孩子既要树立远大的梦想，又要把远大的梦想建立在现实的基础上
第四层	具有崇高理想并努力为之奋斗	家长要多鼓励孩子，并积极帮助孩子解决在实现理想过程中遇到的困难

三、逐梦

现实中，我们可以将人分成两种：一种是无理想的人，每天浑浑噩噩地过日子，不知道自己为什么而活，他们活得很消极，对任何事情都不感兴趣；另一种是有理想的人，他们相信未来是美好的，每天都过得积极上进，有远大的目标，可以承受眼下的辛苦，内心非常坚定。所以，当孩子有理想时，父母要表示尊重，并帮助他们实现理想。那么，父母怎样引导孩子努力实现梦想呢？

1. 鼓励孩子大胆尝试和体验

孩子对这个世界充满了好奇，什么都想尝试，但有些父母会凭着自己积累的生活经验判断哪些事情可以做、哪些事情不能做，当孩子做一些可能有危险的事情时，他们就会进行阻止。孩子的自信心源于成功的体验，没有尝试过成功，自然也就没有勇气取得成功。有些时候父母要适当放手，让孩子相信自己能成功！

2. 让孩子减少欲望

人都有欲望，但真正能成功的人，都可以克制自己的欲望，这使他们距离自己的梦想越来越近。沉迷于欲望，即使有理想，也不一定能实现，最后只能变成空想。

3. 鼓励孩子积极行动

梦想的实现离不开行动，只有梦想而没有行动，终究只是纸上谈兵。勤奋也是一笔无形的财富，能帮助孩子早日实现梦想，只有把勤奋的态度注入孩子的心中，他们的梦想才能更快地实现。

4. 帮助孩子克服难关

不要因为一点失败就把孩子全部否定。成功的道路不会一帆风顺，大人尚且如此，更何况孩子。人类因梦想而伟大，梦想因拼搏而精彩，遇到困难，要和孩子共渡难关，做孩子的护航人。

5. 梦想的实现需要坚持

追求梦想贵在坚持。人在前进道路上挫折不断，梦想也并非一朝一夕能实现，需要付出努力并坚持不懈。只有努力拼搏，才能不断进取和超越，比如，人类"飞天"的梦想，就是在几代人孜孜不倦、持之以恒的坚持中实现的。

第三章

改变观念，引导孩子正确认识自我

在古希腊奥林匹斯山上的德尔斐神庙里有一块石碑，上面写着"认识你自己"，这也是苏格拉底的哲学观。我们的人生就是一个不断认识自己、发掘自己的过程。能够正确认识自我的孩子，都能发现自己的长处和不足，从而能不断完善和提升自己。

自我认知正确的孩子，做出选择的时候，往往更客观；做起事情来也更加游刃有余。孩子过度关注自己，尤其在意别人对自己的态度和看法，患得患失；或者高估自己，不思进取……这些都会影响孩子的行动力。父母要及时发现孩子的不良苗头，对他们进行恰当的引导，让他们正确看待自己。

要让孩子明白，不管自己的现状如何，只要不断努力，未来会越来越好。同时，还要告诉孩子，"知人者智，自知者明"，只有正确地分析自我，准确地评价自己，才能让自己的学习之路更顺畅，才能变得更优秀。

案例分析：不了解自己的韩雨

案例

身高一米九的韩雨，双眼明亮，走在街上，能赢得极高的回头率。其实，初中时，这个阳光帅气的小伙子曾是一个让老师操碎了心的自卑男孩。

韩雨的妈妈非常要强，"追求完美"是她的座右铭。第一次初中家长会上，班主任鼓励家长尊重孩子的特长，给孩子留自由成长的空间，韩雨的妈妈却反驳道："孩子不懂事，让他搞兴趣特长，只能耽误学习。"

生活中，韩雨的吃穿住行基本上都不用自己操心，全由妈妈一手代劳。因为妈妈想给孩子多留出点学习时间，认为只要孩子学习好就行，其他事情都不用做。

到了初二，韩雨有了展示自我的渴望，想在学校每年举行的"五四青年节汇演"和"学校田径运动会"上展示自己的风采。班主任了解到韩雨的想法，赞同他参加演出和运动会。

可是，在韩雨利用课余时间准备时，他的妈妈知道了这件事，对他劈头盖脸地一顿猛批："就你这样，平时哼歌都能走调，五音不全，还能唱歌？上街走路都觉得累，还能跑过谁啊？把玩的时间节省出来，好好学习算了。"

韩雨的舞台展示梦、运动场证明自己的火热想法，在母亲的"一瓢凉水"冲击下，归于死寂。再加上妈妈常常用犀利的言语对他进行所谓的反激励，韩雨的意志渐渐消沉下去。他觉得自己什么事情也做不好，看到别的同学比自己强，他的心里感到更不平衡了。

一天，班主任突然发现，以往比较自律的韩雨每天都会带一瓶可乐，不喝班里常备的热水。班主任问他为什么总是喝可乐时，韩雨回答："只要我说喝可乐就能好好学习，妈妈就会满足我的要求。"

听到韩雨的话，班主任觉得韩雨有点放松自己，自我约束能力变差了。

日子一天天过去，韩雨不仅没有达到和妈妈制订的目标，

身体反而变胖了；上课的时候，他还经常不认真听讲。

与同学发生了纠纷，韩雨也不进行辩解，只是坐到一旁，默默地打开一瓶可乐，一扬脖子灌下大半瓶。

看到原本冲劲十足的男孩变得郁郁寡欢，班主任给韩雨的妈妈打了电话，告诉她韩雨的变化并指出，如果不让孩子自立，插手他的方方面面，不断地给他负面评价，孩子的状态会越来越差。

老师的一番话，点醒了韩雨的妈妈。

自我认知能力是一个人正确评价自己的心理认知，一个人随着受教育程度的不断提高，相应地会具有较高级的认知能力。对于孩子来说，仅成绩好还不够，还要有充满阳光的内心、积极豁达的胸襟，而这些都依赖于良好的自我认知能力，可以正确看待自己的长处与不足。

古希腊哲学家特莱斯说："人生，最困难的事情是认识自己。"把自己的位置摆得太高，就会让自己失望心凉；把自己太当一回事，必会受到他人的重创。自我认识能力的培养对于孩子驱动自我发展起着很重要的作用。

有自知之明的孩子一般不会过高地估计自己，觉得处处优于别人；他们会用积极的眼光看待自己，能够更好地应对现实生活中遇到的各种挫折。

研究表明，孩子从呱呱坠地那一刻起，就已经开始建构其最初的自我意识了，这是在与父母及其他人的互动中进行的。成人，尤其是与他们关系最密切的成人的言行，在很大程度上影响着他们自信的养成。

孩子的健康成长是目前家长最关心的问题之一，家长要尽最大努力在日常生活中不断提升孩子的自我认知，让其客观地看待自己和他人。

1. 自我认知能力强的孩子有目标

孩子拥有正确的自我认知，就能懂得自己的感受和欲望等，对自己做出评价继而不断调整自我，找到明确的目标并为之努力。比如，一次考试没考好，孩子如果了解自己，就会分析自己的学习漏洞，并取长补短，争取下一次考出优异成绩。而不了解自己的孩子，一般都不知道错在哪里，更不会给自己确定一个目标。

2. 自我认知能力强的孩子情商高

孩子的自我认知能力是情商的重要部分。孩子拥有良好的自我认知意识，就不会盲目地发脾气。他们与人为善，不斤斤计较，宽容大度，善于解决问题，这些都是高情商的重要体现。情商高的孩子往往更受欢迎，也更容易取得好的成绩。

3. 了解自己，孩子才能成为更好的自己

孩子对自己有正确的认识，就不会妄自菲薄，也不容易自命不凡，他们自信、自立、自强、自尊。不管做什么事情，都能信手拈来，即使做错了，也能吸取经验教训，不断提高能力，以取得更大的成绩。

孩子要形成良好的自我认知，需要家长花费更多的时间和精力，耐心地进行引导。家长完全可以利用"巴纳姆效应"[①]，让孩子远离心理暗示，正确认识自我。

----

① 巴纳姆效应是指人们常常认为一种笼统的、一般性的人格描述十分准确地揭示了自己的特点。当人们用一些普通、含糊不清、广泛的形容词来描述一个人的时候，人们往往很容易就接受这些描述，并认为描述中所说的就是自己。

了解孩子的自我认知发展规律

苏东坡那句"不识庐山真面目，只缘身在此山中"告诉我们，认识自己很重要！

在古希腊德尔斐城的帕提农神庙里，刻着苏格拉底的一句名言：认识你自己。

从古至今，认识自己都是一件最不容易的事情：我是谁？我从哪里来？要到哪里去？

认识自己是一个系统的认知过程。自己的身材、长相、家庭出身、兴趣爱好、个性、学习能力、工作能力、为人处世的能力、长处、短处等，都属于自我认知的内容和范畴。

有些人自豪于自己的身材，有些人纠结于自己的高矮胖瘦；有些人沉迷于自己的财富；有些人在追求不断精进；有些人焦虑抑郁，有些人轻松悠闲；有些人痛苦，有些人幸

福……这些都是自我认知的思维和行为的反射。

兵法上也说"知己知彼，百战不殆"，要想战胜别人，首先得了解自己。个人只有充分地、正确地认识自己，才能知道怎样实现自我价值，才能知道自己的长处和短板，才能知道怎样在生活和工作中扬长避短。

自我认知能力是一种高级思维能力。刚出生时，孩子还没有自我认知，随着大脑的发育、认知水平的提高、社会交往的增多，逐渐建立起自我认知能力。

概括起来，孩子的自我认知的形成和发展可以分为4个阶段。

一、无自我认知（0~2岁）

根据皮亚杰的认知理论，两岁前的孩子还处于感觉运动阶段，主要通过先天的条件反射和动作感知世界，只具备一些简单的思维能力，因此两岁前的孩子是无法形成自我认知的。

为了测试孩子是否有自我认知，科学家设计过一个简单的小实验。

他们在孩子的鼻子上点上一个红点，然后把他们带到镜子前。如果孩子有自我认知能力，能区分自己，就能认出镜子中的自己，并会注意到鼻子上的红点，并尝试擦掉。

实验显示，比较小的婴儿是无法识别自我的，多数孩子在两岁左右，才会明显地意识到自己脸上的红点，并试图触摸它。

二、自我认知萌芽（2~6 岁）

到两岁左右时，孩子的大脑得到了进一步发育，学会了说话，开始进入了形式思维阶段。这时候，孩子开始形成初步的自我认知，开始会用"我"来区分别人。

这时候的孩子已经开始产生自我意识，但并不会形成自我认知。他们往往把外界看作自己的延伸，认为外界都是围

着他转的。举个简单的例子：孩子喜欢什么就会拿什么，抢别的小朋友的玩具更是家常便饭。因为他还不能很好地区别人和自己，也就不理解这种"所有权"问题。

随着孩子智力的进一步发育，伴随着孩子活动范围的扩大，他们开始上幼儿园，认识的同龄小朋友越来越多，开始了初步的社会化。环境的改变刺激了孩子的自我认知发展，孩子需要区分自己跟别的孩子有什么不同，对自己进行归类，明确自己属于哪一类的孩子……如此，就会产生初步的自我认知。

因为智力有限，再加上幼儿园的孩子共性多、特性少，该阶段孩子会更多地关注外在比较明显的特征，比如生理特点、所有物或令他们骄傲的行为。

举个例子，孩子在描述自己时，很可能会说"我是男孩，比较瘦，跑得快，我有一个奥特曼"，不会关注自己的心理特质，比如勤奋、认真等。因此，这一阶段孩子的自我认知还处于萌芽状态。

三、自我认知初步建立（6~12岁）

根据皮亚杰的认知发展理论，6~12岁的孩子智力已经得到进一步发育，进入了具体运算阶段，可以加工和分析已有的表象和符号，得出符合逻辑的结论。这就为孩子自我认知的发展奠定了生理基础。

同时，这时候孩子的生活重心也开始发生转变，从以家庭为中心转变为以学校、同学为中心。社交活动的增多对孩子的自我认知提出了新的要求。孩子需要进一步定位自己，更好地区分彼此，了解自己究竟是什么样的人。

这一阶段的孩子在自我认知上更加具体，不再仅仅依靠外在特征来区分自己与他人，开始关注内在的心理品质。比如，5岁孩子形容自己时，可能会说"跑得快，擅长画画"；但10岁的他再进行自我描述时，就不再局限于这些外部特质，还会添加心理特质，如友好、乐于助人、擅于思考等。显然，10岁孩子的描述比5岁孩子的更全面、更抽象。

四、自我认知的基本建立（12岁之后）

12岁后，孩子的智力得到进一步发育，进入形式运算阶段。这一阶段，孩子能够熟练运用各种逻辑演绎及推理能力，思维能力已经接近成人。该阶段孩子的自我认知有两个特点。

1. 基于现实客观评价自己

随着智力的发展，这个阶段的孩子能够用批判性的眼光看待这个世界。过去，父母、老师说什么他们就信什么，现在不一样了，他们会思考别人说得对不对，经过分析整理后再吸收。比如，以前父母表扬他们，他们会真的信，且会很高兴。现在父母再夸他们，他们会结合现实的客观情况综合考虑，理性地接受父母的评价。也就是说，过去孩子的自我认知更多地会受到父母和老师等外部评价的影响，现在他们开始独立思考了，减少了对于外部评价的依赖，会更多地基于自己接触的客观事实来评价自己。

2.对自己的认识更加抽象，更加精确

随着思维能力的提高，孩子的抽象思维能力凸显，不再关注外在的具体特征，更加关注抽象的内在品质，对自己的认识更加准确、更加具体。比如，孩子会根据自己的意识形态（如，我是环保主义者），而不是具体的生理特征（如，我跑得很快），对自己进行描述。

这一阶段的孩子对自己的认识越来越精确，自我认知开始基本建立。

巴纳姆效应：引导孩子以己为镜，塑造更好的自己

对于多数人来说，自我的认知似乎都是在走出校园、步入职场之后才渐渐拥有了"形状"。但实际上自我认知应当从小就对孩子进行培养。自我认知的模糊，会极大地增加孩子"变坏"的可能性。当然，这种"变坏"并不是一蹴而就的，而是由于年龄

的增长，随着与自我认知模糊之间形成的"反比"逐渐出现的。

那么，如何才能提高孩子的自我认知能力呢？答案是合理利用"巴纳姆效应"。

1948 年心理学家伯特伦·福勒进行了一项人格测验，测验完成后学生对测验结果与自身的契合度进行评分，分数 0~5。其实，这些测验结果虽然是"个体分析"，但内容是相同的，但最终学生给出的"个体分析"测验结果平均分为 4.26 分。实验结果证明，适用于多数人的语句很容易引起人们的共鸣。

后来，心理学家将实验验证的效应命名为"巴纳姆效应"，即：人们认为笼统的、一般性的人格描述可以准确地揭示自己的特点，当他人用普通、含糊不清、广泛的形容词来描述一个人的时候，这个人会很容易接受这些描述，认为描述中所说的就是自己。

在孩子自我意识发展的过程中，家长不进行适当的引导，孩子就容易在纷繁复杂的声音中迷失自我。要让孩子形成良好的自我认知，家长就要合理利用"巴纳姆效应"，让孩子保持平常心，接受有用的批评或赞扬，以便孩子能够自信地描绘属于自己的人生蓝图。

父母想引导孩子正确认识自己，就要从以下几方面做起。

1. 让孩子全面、客观地看待自己

家长要从孩子的生理自我、社会自我和心理自我三方面入手，帮助孩子正确地认识自己。如表 3-1 所示：

表 3-1　让孩子全面看待自己

要点	说明
生理自我	指的是自己的身体形象，包括性别、外表特征等。家长要引导孩子认同个体的差异、认同自己的性别、认同自身的外貌特点，让孩子看到每一个特点都是独一无二的，没有好坏之分
社会自我	指自己在社会关系中的位置，包括自己在亲戚、朋友、同学、同事中的影响和社会地位。家长要引导孩子对家庭自我、社会自我和集体自我进行把握和认同，让孩子明白，别人夸奖自己是因为自己的一些呈现符合了别人的标准。不论别人的要求高与低，欣赏还是挑剔，要让身边人的评价不影响孩子的自我评价
心理自我	指对自己的气质、能力、性格、情趣、爱好、理想等的认识，这也是认识自我的关键，要认真进行分析。家长要帮助孩子正确认识"今天和明天的关系""优势和劣势的关系""逆境和顺境的关系""快乐和烦恼的关系"

在教育孩子的时候，要运用"巴纳姆效应"，让孩子客观地对待自己。孩子发现了自己的优点时，家长可以对他进行夸奖，肯定孩子付出的努力。在孩子存在错误的时候，家长也要进行批评，让孩子客观对待自己的缺点。

2.让孩子无条件地接纳自己

每个人都有自己的优势和短板，要让孩子知道人无完人，引导他们正确面对自己，客观认识自己。孩子总是活在与他人的比较中，就不能拥有真正的快乐，只有无条件地接纳自己，面对自己的优缺点，才能定义属于自己的人生。

3.让孩子学会筛选和识别信息

孩子经常从他人嘴里听到关于自己的信息，这些信息包含不同的层面，有的信息是可用的、有价值的，有的信息是无用的，要引导孩子学会辨别，不能照单全收。否则会影响他们对自己的判断，影响正确的自我认知。

因此，家长要教会孩子如何进行信息识别，让孩子想一想自己在做某件事情的时候是否出现过偏差，孩子学会了识别问题，就会正确认识自己。

4. 引导孩子保持平常心

想让孩子正确认识自己，就要从小教育孩子保持平常心，不管做什么事情，首先要平静下来，考虑自己是否遇到过类似的问题，即使没有，也不用太过焦虑。

孩子缺少平常心，一句赞美，就可能让孩子自以为了不起，最终迷失自我；一句批评，就可能让孩子产生自卑、多疑的想法。孩子只有拥有平常心，才能"不以物喜，不以己悲"。

第四章

掌握方法，孩子就能变被动为主动

掌握了正确的学习方法，孩子学习起来往往更轻松，也更容易提高对学习的兴趣。

如果孩子平时抱怨自己明明已经很努力学习了，成绩依然没有提高，带来的最直接结果就是，孩子自信心受挫，丧失学习的积极性。只有找到合适的学习方法，通过努力不断进步，孩子才能提高对学习的兴趣，而这也是驱动孩子变被动为主动的关键。

如果孩子有学习的欲望，也羡慕成绩好的同学，就是不知道怎么学，这时候，家长就要高度重视，主动帮助孩子。要认真观察孩子学习的方法和习惯，帮孩子克服学习的困难和障碍，找到适合孩子的学习方法。比如，孩子记忆某个知识点后很快就忘了，家长就应该教给孩子正确的记忆方法，如让孩子大声朗读、整理读书笔记、一边背诵一边抄写等。

想让孩子主动学习，就要在激发孩子学习兴趣的前提下，教给孩子一套科学的学习方法。

案例分析：学习一塌糊涂的明轩

案例

明轩是个聪明、活泼的孩子，但只要一提到学习或作业，他就显得没精打采，毫无动力。他上课注意力不集中，不是玩橡皮，就是想别的。教室里偶有风吹草动，他都能感觉到。

老师在教室里巡视，走到他身边的时候，他就会低头，表现得像在认真思考，只要老师一离开，他就会干其他事情了。

老师提问，他从来不举手，如果突然被老师点名回答问题，他就直接回答："老师，我不会。""老师，我没听懂。"各科任老师对他轮番批评和教育，但毫无作用。

放学回到家，明轩不是玩手机，就是看电视，作业早就被他抛到了九霄云外。通常，在爸爸妈妈的多次催促后，他才会不情愿地坐下来。他写作业的速度很快，但错误颇多。

明轩最不喜欢考试，只要临近考试，他都感到异常烦躁，每次考试的结果也可想而知了。

妈妈爸爸以为男孩开窍晚，想着等他上了初中可能会好些。结果，初中的课程难度增加，再加上青春期的到来，让明轩彻彻底底地放弃了学习，整天只知道跟同学玩，不做作业，甚至旷课。初一上学期期中考试，英语居然只考了20分。

明轩妈妈意识到问题的严重性，找朋友帮忙，联系到我。我在工作室接待了这对母子。

明轩妈妈向我介绍了儿子的情况，我发现，她之前从来没有关注过儿子的学习，一直觉得儿子还小，上了初中慢慢就好了……一味的放任，造成了明轩今天这样的局面。

为了了解明轩对学习的状态，我跟他有了下面的一段沟通。

我：你不喜欢学习？

明轩：是。一看书就头疼。

我：你成绩如何？

明轩：班级最后一名。

我：你分析过原因吗？

明轩：没。

我：你难道就不想考个好成绩？

明轩：嗯，想。但考不好。

我：你难道没找找原因？

明轩：不知道。没人教过我。

我：老师没教过你们正确的学习方法？

明轩：教过，但我没试过。

我：老师都教过你们什么？

明轩：老师有时会布置作业，让我们课前预习。

我：你预习了吗？

明轩：我觉得，只要不是直接落实到作业本上的，都不是作业。没预习过。

我：你上课跟着老师的思路走了吗？

明轩：我们老师讲得太快，我跟不上。

我：其他同学也觉得老师讲得快？

明轩：不是。我同桌就能跟上老师的节奏。

我：你是独立完成作业的？

明轩：开始的时候抄同学作业。后来，通过手机查答案。

我：你考试时，感到紧张吗？

明轩：不紧张？

我：为啥？

明轩：反正都不会……

……

分析 遇到明轩这样的孩子，你会不会感到头疼？其实，明轩之所以学习弄得一塌糊涂，主要原因就是没有掌握正确的学习方法。显然，明轩的问题主要出在学习态度和学习方法上，即他根本就不知道如何学习，他很被动。

孩子开始时可能也很努力，但由于没掌握学习方法，所以不管如何努力，都不出成绩，时间长了，他们学习的主动性就大大降低了。

事实证明，正确的学习方法的掌握，是驱动孩子主动学习的关键。用错了方法，事倍功半；用对了方法，就能事半功倍。只有知道具体该如何学，孩子才能按部就班地学习；

反之，如果孩子头脑里对学习方法没有清晰的概念，学习就会被动很多。

孩子反复用错的方法学习，自然就无法取得好的成绩，最终就会失去学习的动力和兴趣。

发现这 4 个现象，说明孩子在"无效学习"

很多孩子平时虽然也在学习，但听课效率不高，作业质量太差，考试成绩总是不理想……看起来他们很努力，花费了很多时间，但这只是一种假象，是一种"假努力"。孩子没有全身心地投入学习，即使努力了，也无法取得进步，甚至会退步。

很多人都听说过"越努力越幸运"，很少有人知道，除了努力，方法同样重要，只有掌握正确的学习方法，付出时间和精力，才能真正提高学习成绩。

为了预防这样的无效学习，在日常生活中，父母要多观察，看看孩子是否属于盲目努力，有没有明显进步。

如果发现孩子身上出现了以下四种现象，父母就要多加注意了，因为很可能孩子的学习是无效的。

一、孩子无主见，喜欢模仿他人

努力学习的方法有很多种，但并不是每一种方法都适合你的孩子，因此要让孩子认真了解自己目前的学习状况，不能盲目地模仿他人，否则只能消耗斗志。

有个女孩的成绩在班里中等偏上，为了赶超其他同学，她学习非常努力。班主任很欣赏这类努力的学生，但在一定程度上，更觉得心疼。

有一次考试过后，班主任将女孩约到办公室，想找她聊聊。

班主任试探性地问她，最近学习压力是不是很大，女

孩顺势点点头。

班主任说:"你成绩很稳定,只是没什么突破。我看你平时不管是上课还是下课都很努力,是不是学习方法出了问题?"

女孩直言不讳:"老师,我也很苦恼这个问题。我不知道自己跟那些成绩好的同学差在哪里,我跟他们一起上课,一起做作业,他们怎么做,我就怎么做。"

听了她的话,班主任立刻发现了成绩无法提高的原因——照搬别人的学习方法。

学习固然要讲究方法,但不能生搬硬套别人的方法,只有找到适合自己的方法,才能事半功倍。盲目跟从学习不可取!家长要告诉孩子,适合你的未必适合别人,适合别人的也未必适合你。你可以向那些成绩好的同学学习,学习他们刻苦、努力、坚持不懈的品质,但他们的学习方法不一定适合你!

有的孩子看到同桌网购了一套新的数学卷子,就让家长也买一套,根本不管这套试卷是否适合自己。

有的孩子看到同学将英语单词抄到小本子上，一边等车一边背诵，自己也学着做。同学记录的是自己不会的单词，而他却将教材中所有的单词都记了上去，没有重点记忆自己不会的那些。

有的孩子看到同学在上网课，也让家长报名。结果，同学每天坚持，他只在开始的几天努力了一下，后面就不听课了。

······

孩子都是独立的个人，每个人的学习进度、学习方法等都是不一样的，不能一味盲目地效仿别人。

适当地参考别人的学习方法是可行的，但是只知道照搬别人的学习方法，不懂分辨，缺少自主学习意识，这样的学习是被动的、消极的，学习效果会差很多，是一种无效学习。

每个人的学习进度和学习方法都不一样，我们可以适当地借鉴，但是没有主见地盲目照搬，并不会取得理想的效果，要让孩子意识到：找到适合自己的学习方法很重要。

学习同学的学习方法，要关注别人的学习思维，如平

时是如何安排学习的，如何分配弱势学科和优势学科的时间……然后结合自身的能力和特点，制订适合自己的学习计划和方法。

二、孩子只会"输入"，不会思考

王林的成绩在班里处于中等水平，简单的错误不会犯，但难的问题也从来没有自己解决过。

老师告诉王林妈妈："孩子听课还算认真，但只要让他回答一些灵活的问题，他都答不上来。"

期末考试有一道题目并不难，只要稍加思考就可以解决，王林明明有能力做对，却还是做错了。老师和父母感到很生气，王林自己却表示，他已经习惯了自己的学习方式，对他来说，用力思考问题是一件很复杂的事。

我们之所以推崇独立思考，是因为只有学会思考，才能拥有健康的人格，才能有自己独立的精神世界。不会独立思考的人，只能听别人的，别人说什么就是什么，没有见解，长大以后，会因为目光短浅而失去很多机会。

课堂上，孩子认真做笔记，可是一到做题的时候就出错。主要原因就是，孩子上课时只听老师讲，从不思考为什么。而不分析思考，单纯地按照套路重复做题，只能叫"磨洋工"。

对于学习来说，单纯地输入毫无用处，输入的时候，还需要认真思考，用心琢磨。如果时间空余，家长要时不时抽查孩子的作业，看看他到底是不是真的学会了，对知识点的掌握程度如何。用提问、检查的办法，逼迫孩子多思考、多动脑。平时，也要培养孩子的思考能力，经常问问孩子"为什么"。

善于思考的孩子，学习的主动性才会高；懒得思考，只知道输入，充其量也只是一个知识的"储藏器"。

思考力是驱动孩子主动学习的又一利器。只有善于思考的孩子，学习才能主动一些。

有些孩子遇到难题时，找不到解题思路，不加思考就从手机上找到答案，直接誊写在作业本或练习册上。

直接抄写答案，孩子只是了解了一遍解题过程，并没有经过大脑的推演。虽然作业写得工工整整，但成绩依然无法提高。

要想将题目做对，就要充分理解每道题的解题思路。不对问题进行分析，只是重复劳动，无法实质性地提升学习效果。

对于学习来说，单纯地输入知识毫无益处，只有勤思考、用心分析的学习才是积极主动的。

三、孩子忽视计划，三心二意

在学习过程中，有两种最无效的学习方式：一种是连续3小时以上学习一门功课；一种是脑子里想着语文，眼睛却在看历史。连续几个小时学习同一门科目，孩子就会感到身心疲惫，产生厌倦；而在学习中没有合理分配时间，会让孩子在复习中摸不着头脑、感到烦躁。

拿起语文练习册的时候，心里却想着还有几个历史知识点没有背，孩子就会手忙脚乱，不知道该优先学习哪个科目比较好。表面上看，孩子伏在桌前认真复习，一会儿翻看语文书，一会儿翻看历史书，其实孩子并不知道先学习哪科好。在这样的纠结中，大量的时间被浪费了，甚至还会加剧孩子的烦躁心理。

而对于孩子来说，合理安排学习时间，制订完善的学习计划，都是驱动他们提高学习主动性的重要方法。合理安排时间，孩子的学习会更有针对性，积极性更高，学习效果也最好。

因此，为了让孩子合理安排时间，集中注意力，就要引导孩子制订学习计划，合理安排学习时间。

不过，这里的学习计划并不是长远计划，因为长时间的计划很难实现，要引导孩子从短时间的计划开始。制订短期计划有一个很大的优点，即时间限定性。一方面，孩子必须在限定时间之前完成，在学习过程中就能做到专注、高效；另一方面，完成一个个短期计划，孩子还能获得较大的成就感，带来很大的信心和动力，以更饱满的精神状态投入学习。

四、孩子学习流于形式，喜欢做表面文章

刘琦每天按时早起上学，从来不迟到，放学回家后也不贪玩，一心扑在学习上，每天都要很晚才能入睡，但成绩依然处于中等水平。他妈妈张女士不知道问题到底出在哪里，一次家长会后，张女士向班主任请教。经过短暂的交流后，老师认为刘琦可能长期处在"无效学习"的阶段，表面上刻苦努力，实际上并没有成效。

孩子学习时间越来越长，休息时间越来越短，学习效率却越来越低，情绪也越来越不稳定，到底是什么原因？主要就是孩子正在进行流于形式的学习，学习没有规划，漫无目的，全部按照老师说的走，自主意识缺失，有点温水煮青蛙的感觉。

孩子太重视学习形式，只能造成时间的浪费。举几个例子。

有的孩子写作业时特别认真，精益求精，如果写得不好，就擦掉重写。结果，为了将作业写好，会花费一个小时的时间。其实按照老师的预计，孩子只要花费 20 分钟就能将作业完成。

有的孩子在听课的过程中，会将老师讲的内容、PPT 上播放的内容全部记在本子上，回家以后再将这些草草记下的内容誊写在一个精美的笔记本上。看起来学习态度不错，其实只是一遍遍地誊写，缺少思考的过程，缺少记忆的过程。这样的学习，多半也是无效的。

有的孩子上课的时候，双手搭在课桌上，身板挺得直直的，看起来似乎在认真听老师讲课，其实早就开了小差，不知道梦游到哪里去了。

这些孩子往往都对学习缺少正确的认识，写笔记、上课假装认真听，都是做给别人看的。在低质量的勤奋背后，往往都是懒惰。"表面学习"，不仅会让孩子成绩下降，还会让孩子出现"我已经很努力了，仍然学不好"的心理，打击孩子学习的积极性。时间长了，他们可能也就懒于学习了。

孩子不应该有"努力的幻觉"，从一定程度上来说，低效的学习没有意义，只能耗费大量时间和精力，得不偿失。父母不能被孩子低质量的勤奋蒙蔽了双眼，觉得这就是在努力，因为

很多时候低质量勤奋掩盖下的是真懒惰。

因此，家长要对孩子的学习效率进行检查，辨别孩子是真勤奋，还是假勤奋。一旦发现孩子在进行无效学习，就要及时纠正他们的态度和行为，让孩子明白"什么样的学习才是有效的"。

孩子需要掌握的 8 种高效学习法

孩子的成绩不能代表一切，反应出的问题需要予以重视。家长不仅要关注孩子的学习，还要培养孩子的综合能力，让孩子主动体会学习的方法和乐趣，提高学习的自主性。

一、制订合理的学习计划

为了提高学习的主动性，要引导孩子先设定一个目标，再与他一起制订一个合理的学习计划，并督促孩子认真执行。

1. 制订学习计划的"5W"

制订学习计划时，家长要引导孩子充分考虑以下几个方面。

Why——为什么学？即学习的目的和意义。这是孩子积极、主动学习的动力。

What——学什么，达到什么目的？即学习的对象和目标。这是学习计划的关键部分。

Who——我是"谁"？即孩子的实际情况，例如，孩子的基础水平、学习能力、个性特点、学习风格、优势和弱项等。这是保证计划切实可行的重要前提。

Whom——向谁寻求帮助，与谁一起学习？优秀老师、学习能力强的伙伴，都能促进孩子的学习。

How——有什么具体的学习方法和措施？这是确保学习计划得以实施的必要条件。

2. 计划的制订遵循 SMART 原则

一个好的计划应当有明确的目标、可量化、做得到，并

且跟目标相关，有时间节点，具体内容如表 4-1 所示。

表 4-1 学习计划制订的 SMART 原则

原则	代表	含意	举例说明
S	specific	计划和目标越具体越好	如果孩子制订"这个假期提高英语"的计划，就要让他问自己几个问题，比如：如何才能提高英语？是写完所有英语作业，记住 60 个单词；还是跟着老师的进度，完成一门英语线上课程？要把目标细化，并一一列出来
M	measurable	可测量	如果孩子的计划是"背单词"，不如改成"每天背 5 个单词"，让学习结果可测量
A	attainable	可达成	每天背 500 个单词，不如把计划定为每天背 5~10 个单词，这样才是真实可行的，也容易坚持下去
R	relevant	跟目标有关	不要让孩子打着练听力的旗号，看有中文字幕的动画片
T	time-bound	有时间节点	每项计划都有时间节点，才能督促孩子不拖延

按照 SMART 原则，可以制订每天的计划，清楚划分每天各个时段做什么，有量化指标，有时间节点。此外，还可以做周计划，排好每周的课外活动、完成作业的时间、周末规划、其他额外事项等。

二、必要的课前预习

预习是上课前必备的环节，预习的好坏直接关系听课的效率。

1. 课前预习的方法

需要孩子掌握的预习方法如表 4-2 所示。

表 4-2　课前预习的方法

预习方法	说明
提纲预习法	把预习的内容提炼概括为有逻辑联系的提纲，使之层次分明，脉络清晰，观点突出。列出课程的重点、要点，课文的内容就容易理解，也便于课后复习
符号圈点预习法	阅读课文时找到重点、难点，并用一套符号对字、词、句、段进行圈点勾画；尽量做到眼到、手到、心到，使读、想、记三个环节有机地结合起来。标上记号等于为听课、复习做了充分准备，有助于集中注意力，增强记忆。 （1）初读标记。用铅笔标注，勾画出要点、难点和疑点，为之后的阅读打下基础。 （2）重读整理。化解第一步的重点、难点和疑点，对初读标记加以整理

续表

预习方法	说明
快速阅读预习法	（1）浏览目录。 （2）翻阅相关知识的书页，重点是标题、插图、图表等地方。 （3）对重点内容做好摘录。 （4）依据课程内容给自己提出问题
温故知新预习法	在预习过程中，一方面初步理解新知识，归纳新知识的重点，找出疑难问题；一方面，复习、巩固与新知识相联系的旧知识，使知识系统化
扫除障碍预习法	通过查阅工具书、相关资料以及请教他人等方式，扫除学习障碍。这种课前预习方法具有学习的自觉性，孩子能自觉克服学习中遇到的困难，养成良好的习惯
循序渐进预习法	（1）通读课文。首先，看新课题目，思考问题；之后，初读课程内容，边读边标注不好理解之处。 （2）掌握并理解课文的内容。对于查不出答案的地方，用问号标出。 （3）结合课后练习和自己的问题进行思考，查找和阅读参考资料，解决一些问题，发现新的、有价值的问题。 （4）再读一遍课文，写出自己的想法、感受和体会。 （5）将课文读熟，用简洁的语言写出全文的主要内容。
表格预习法	绘制表格，找出新课内容的重点、难点和关键问题等。该方法可用于单元预习、单节预习、某课预习

续表

预习方法	说明
质疑 预习法	在预习过程中，对文章所阐述的观点、结论以及文中的某些说法质疑。提出不理解的内容，通过思考、查资料、请教别人等方法，找出正确答案
习题 预习法	如果只看书，在预习过程中很多问题都无法发现，预习也达不到理想的效果。预习不仅包括看书，还应包括做习题

三、听好每一堂课

学习积极主动的孩子，都是这样听课的。

1. 视听并用法

上课时不只用耳朵听，还用眼睛看。一定要告诉孩子：在上课的时候，不但要带耳朵，还要带眼睛，做到视听合一。又听又看，在吸收声音传递来的抽象的概念的同时，还能结合图像，强化具体的知识印象。听和看的内容应保持同一性，不能听此视彼，分散听课的注意力。

2. 听思并用法

边听边思考也是一种有效的听课方法。"听"一般是被动地吸收，"思"则是主动地思考。边听边思，可以在由被动转化为主动的过程中，逐步加深对知识的认识和理解。只听不思考，录音机式地听课，并不能真正地掌握知识，更无法培养创造性思维能力。

3. "五到"听课法

"五到"指耳、眼、口、手、脑都要动起来，多种感觉器官并用，多种身体部位参与听课活动。"五到听课法"要求孩子全神贯注，灵活地根据课堂情境和老师要求适时调整听课方法，提高听课效率。

耳到：认真听老师所讲的内容、同学们的发言，不漏听，不错听。

眼到：随时看教材、老师的板书、PPT等。

口到：积极发言，回答老师的提问。

手到：做好笔记，记下重要的知识和不懂的地方。

脑到：动脑筋思考为什么，不分心，专注听课。

4. 符号助记法

孩子记忆力再强，也不可能把老师所讲的内容全部记住，所以，听课必须做好笔记。

同时，记笔记要掌握方法，可以用一些符号帮助记录。比如，重点语句可打着重号、波浪线或加三角号，疑难问题可打问号。如此，既能节约时间，也能保证不错记和不漏记。

5. 要点记取法

听课最重要的就是听重点、要点。老师讲课，传递给孩子的信息是多方面的、多层次的，要让孩子着重记重点和难点，去掉无用信息。因为，抓住要点听和记，比毫无重点地全部听和记效果好得多。

6. 主动参与法

很多孩子听课缺少主动性，不和老师进行互动，不提问，不发表观点，只知道抬着头听，听完了埋着头记录。有的孩

子甚至害怕被老师提问，即使回答问题，也组织不好语言，表达不出自己最真实的想法。实践证明，凡积极举手发言的学生，学习进步特别快。

7.目标听课法

预习时，发现不懂的问题就及时记录下来，上课时带着这些问题听课，目标明确，针对性强。预习时弄懂了的，再听一遍可以加深印象。预习时不懂的，就应特别认真听、仔细听，如果听课时还没弄明白，可以在课堂上提出来，也可以先记下不懂的部分，再请教老师或他人。

8.质疑听课法

听课时，有疑问或有不懂的地方都可以举手示意，保证始终集中注意力。能提出问题的孩子往往也是会学习的孩子。

四、提高作业质量

提高作业质量，也是孩子提高学习效率的好方法。具体来说，有以下几种方法。

1. 厘清思路法

（1）正向法。从题目的已知条件出发，经过一系列的推理，逐步向未知靠拢，得到所求的结论。

（2）逆向法。如果题目正向思考难以解答，可以让孩子逆向思考，从未知结论出发，逐步倒推，靠拢已知，最后达到已知条件。

（3）双向法。即把正向和逆向结合起来，一方面从已知想起，指向未知，另一方面从未知想起，指向已知，最后得到解答的思路。

（4）辅助法。引进辅助元素，沟通已知和未知。

2. 一题多解法

一题多解的方法一般来说有以下几种方式：运用多种知识一题多解；用不同思路一题多解；用不同方法一题多解。

有些孩子做作业以得出答案为终点。要让孩子解出题后考虑每道题有没有第二种解法、第三种解法。即使找不出第

二种解法也没关系，这样可以帮助孩子养成灵活思考的习惯。

3. 自我检查法

自我检查法如表 4-3 所示。

表 4-3　自我检查法

方法	说明
正向检查法	从审题开始一步一步地检查
逆向检查法	从答案向前推，比如：加法用减法验算等
常识检查法	把解题的结果与常识上的估计进行比较
特例检查法	对于某些题的结果，可以取特例进行验证
简化检查法	遇到复杂或抽象的题，常常不易检查解题正确与否，可以把它转化为简单而具体的问题查验
数形检查法	即把数形对换。如果题目是用"数"的方法来求解的，可以用"形"的方法进行检查
条件检查法	即已知条件用尽检查法。某一条件、前提、必要的概念未被用上，整个解答在通常情况下是错误的或不完整的
逻辑检查法	主要看解题是否符合逻辑

五、及时纠正错题

题答错了是孩子出现了失误，之所以会成为错题，一方面是因为孩子对于知识点的掌握不到位，另一方面是因为孩子做题的时候比较粗心大意，导致出现错误。

不能让孩子轻易放过错题，因为其可以最直观地表现出孩子学习中存在的问题，要让孩子改正错题并记录下来，不断查阅，直到他完全掌握该类型的题目。

1. 改正错题的步骤

（1）解释。题目都是富有逻辑的，要从逻辑出发，把对和错的原因解释给孩子，帮助孩子厘清思路，让他们做出正确的判断。

（2）正确强调。解释完错误原因，强调正确答案，免得让孩子加重对错误答案的印象，所以可以用延伸法、比拟法等对正确答案进行强调，让孩子对正确答案的印象更加深刻。

（3）重复记忆。每个人的记忆力都是不同的，加强特定内容记忆、重复记忆非常必要。按照一些记忆方法，可以设

定时间节点，每隔一段时间让孩子复习一次，基本在 7~8 次之后，孩子就记住了

2. 正确使用错题

1. 有选择地记录错题

孩子将自己的所有错题都记录下来既浪费时间，也没有意义，甚至会使孩子产生厌烦心理。那么，应该在错题本记录什么样的题呢？

（1）不会做的题。由于对某些知识点没有完全掌握，或者概念模糊而产生的错题，还包括难度较高的题。

（2）模棱两可的题。通过分析模棱两可的错题，可以很好地帮助孩子发现自己的问题。

（3）有挑战性的难题、典型题。基础较好的孩子多练习这种类型的题有助于总结方法、拓展思维。

2. 错题的记录和分析

首先，标注存在的错误。在做错的地方用彩色笔标出来，可以用三角形、五角星等不同图形把由于粗心、知识点不懂、容易混淆等不同原因出错的题区分标注。其次，掌握正确的方法。分析错误原因后，把正确的解题方法写在错题旁边——不仅是答案，还应包括解题思路，即关键点、公式、具体步骤。最后，反思提高，举一反三。要掌握解决这类错题的方法；还可以将错题改编，在同类练习中巩固解题方法。

3. 定期复习

过多地机械练习，不如多翻阅错题本。翻阅的过程，可以将曾经犯过的错误在大脑中再一次回放，从而避免再犯。通过不断复习、回顾，错题就会越来越少。

六、做好笔记和摘要

做笔记的目的是复习。课堂上学习的知识，有时候孩子不能全部掌握，需要反复多遍，才能消化吸收。

1. 笔记内容

不要让孩子将老师课堂上讲的内容全部记录下来，因为

这样做会影响课堂听课的效率。

课堂上，孩子花费了大量的时间记笔记，理解和思考的时间就会减少。每堂课，不同的孩子所做的笔记的内容应该不完全相同。课堂笔记记录的内容应该是孩子不懂的或理解不透的内容，应该是课堂上不能立刻记住的内容；是孩子课后需要向老师或其他人请教的内容；是需要进一步加工的内容。课堂上能立即掌握的内容、课本上有的内容就不需要记录。孩子在课堂上的主要任务是听老师讲解，而不是记笔记。

孩子听课是主要的，记笔记是辅助手段。不能本末倒置。

2. 课堂笔记法

这里给大家介绍两种记录课堂笔记的方法，如表4-4所示：

表 4-4　课堂笔记法

方法	定义	说明
5R笔记法	又叫作康乃笔记法，几乎适用于一切课程或读书笔记，特别是对于听课笔记，5R笔记法更是首选	具体包括以下几个步骤。 记录。在听讲过程中，在主栏内（将笔记本的一页分为左大右小两部分，左侧为主栏，右侧为副栏）多记有意义的论据、概念等内容。 回忆。下课以后，尽可能及时地将这些论据、概念简明扼要地记录在回忆栏，即副栏。 背诵。把主栏遮住，只用回忆栏中的摘记提示，尽量完美地叙述课堂上的内容。 思考。将自己的听课随感、意见、经验、体会等内容，与讲课内容区分开，写在卡片或笔记本的某一单独部分，加上标题和索引，编制成提纲、摘要，分成类目，并随时归档。 复习。每周花十分钟左右快速复习笔记，主要是先看回忆栏，适当看主栏。这种做笔记的方法初用时，可以以一科为例进行训练。在这一科不断熟练的基础上，再用于其他科目
符号记录法	在课本、参考书原文的旁边加上各种符号，如直线、双线、黑点、圆圈、	在操作时注意以下准则。 读完后再做记号。如果还没有把整个段落或有标题的部分读完并停下来思考，不要在课本上做记号。

方法	定义	说明
符号记录法	曲线、箭头、三角、方框、着重号、惊叹号、问号等，找出重点，加深印象，或提出质疑	在阅读的时候，要分清作者是在讲一个新的概念，还是只用不同的词语说明同样的概念，只有等读完这一段落以后，才能回过头来看出重复内容。这样做，孩子就不会只抓住一眼看上去仿佛很重要的东西了

七、选用合适的工具书

从工具书本身的特点来讲，编写的科学性、严谨性，内容的丰富翔实，是其他任何类图书都无法替代的。

对于小学生和初中生来说，最主要的是学会查字典。要具备运用部首、音序等查字法迅速、准确地从字典中查出生字词的能力，还要有联系上下文语言环境选择恰当的义项解释词语的能力。

在挑选工具书时，有几点要做到。

（1）看出版社。要让孩子选择那些知名的和在本学科领域有专长的出版社，一般来说这些工具书有质量保证。

（2）看内容。工具书的内容要解析透彻，知识点明确。一般来说，工具书要选择高于孩子现有水平的，但不要高出太多，否则会吃不消。

（3）看工具书的出版日期和版本。尽量买新出版和已经修订过的工具书。

八、培养思维能力

重视求异思维、发散思维、辩证思维等思维方法的培养，使孩子的思维能够灵活。

要努力提高孩子的思维能力，就要进行有的放矢的训练。

1. 聚合抽象训练法

把所有感知到的对象依据一定的标准"聚合"起来，显示出它们的共性和本质，能提升孩子的创造性思维活动。首先，对感知材料形成总体认识，发现十分突出的特点；其次，

分析问题，形成若干分析群，提炼出本质特征；最后，对抽象出来的事物本质进行概括性描述，形成具有指导意义的理性成果。

2. 生疑提问训练法

对事物或过去一直被人认为是正确的观念或思考模式，敢于并且善于提出疑问，得出新结论，并能运用各种证据，证明新结论的正确性。首先，观察一件事物或现象时，都要问"为什么"，并养成习惯；其次，当遇到问题时，尽可能地寻求规律，或从不同角度看待问题，以免被表象所迷惑。

3. 思维写作训练法

以思维训练为核心，运用头脑风暴、思维导图、金字塔原理高效解决作文难题。这种方法可以让孩子在快乐学习中快速提升写作能力，同时还可以训练孩子的思维，将孩子从漫长的写作训练中解放出来。掌握先进的思维写作法，可以使孩子受益一生。

4. 推陈出新训练法

孩子看到、听到或者接触到一件事情时，要让他们赋予这件事情新的内涵，摆脱原有方法的束缚，运用新观点、新方法，得出新结论，推陈出新。

5. 集思广益训练法

在团体中，孩子应注重彼此交流，集众多人的智慧解决问题，提升思维水平。

第五章

有效约束，自律的孩子更自觉

不管孩子智商有多高，学习能力有多强，只要不自律，都无法取得理想的成绩。不自律的孩子，做事缺少计划，想到什么就做什么，容易虎头蛇尾，更容易被其他人或事所吸引。事实证明，优秀孩子和普通孩子之间的差距的形成，自律起着重要作用。

自律的孩子有严格的时间观念，不管是做事，还是学习，都不会拖延，能够有效抵御外界的不良诱惑，坚持把自己的事情做完。

自律的孩子有清晰的目标和计划，会有步骤地向着目标前进。他们坚定，不怕挫折，终会将梦想变成现实。

自律的孩子做事积极，主动性强，他们的心智也比较成熟。

当然，孩子的自律性需要逐渐养成。父母应该耐心地培养孩子，在孩子需要的时候给予帮助。

案例分析：极度自律的可心

案例

上学马上就要迟到了，可心还在慢吞吞地洗脸、吃饭，妈妈急得直跳脚，只能开启催促模式。可心被催急了，不耐烦地说："我做事本来就是慢吞吞的，你越催，我就越慢。"

妈妈听后，觉得无可奈何。不过她也开始检讨自己，觉得这样催促没办法解决问题。于是她跟可心谈判："以后我们早上7：10出门，你要自己安排时间。我只会提醒你，不会催你，如果做不到，后果自己承担。"

刚开始，可心也没太在意，照旧赖床，慢吞吞地洗脸、吃饭。妈妈在旁边强忍着不说话，等可心准备出门时，离到校时间只剩10分钟了。不出意外，她果然迟到了，挨了老师的批评。

放学回家，可心一脸委屈，但接下来依然迟到。

连续几天之后，闹铃响起时，可心开始乖乖自己起床了，之后很少再迟到了。妈妈慢慢地把更多的事情交给可心承担，比如：每天吃什么、穿衣搭配等，都让她自己规划。

从那以后，可心变得越来越自律，基本不用妈妈操心了。

如今，可心已经习惯了睡前准备第二天上课的书本；挑出第二天想要穿的衣服放在枕边。妈妈去超市的时候，可心会写好自己需要的东西，让妈妈帮忙买。学校组织的郊游，可心也会一项项列出自己要准备的东西。

许多人都跑来跟可心妈妈讨论育儿经验，她只是笑笑说："忍得住就可以了。"

 分析

纵观古往今来的名人，几乎都有一个共同的特质，就是高度自律。

管理学大师史蒂芬·柯维说："不自律的人是情欲、欲望和感情的奴隶。"自律的人获得成功的可能性更大，成年人都懂得这个道理，然而很多家长没有意识到应该从小培养孩子自律。自律，更有利于孩子有自觉性和自制力。

自律给孩子带来的变化，可能在短时间内并不明显，但是只要经过一段时间的积累，一定会很明显。

自律让孩子更优秀。孩子能用严格的标准要求自己，才能更好地规划自己的学习和生活，不断取得进步，收获信心。

自律让孩子更理智。自律的孩子无论做任何事，都会认真思考，不会冲动，也能够抵挡生活中的各种诱惑。

与自律密切相关的 3 条心理学法则

叶圣陶说："什么是教育？教育就是好习惯的养成。"孩子做事总是不紧不慢，家长把道理说了成千上万次，孩子不但没一点儿改进，反而越来越不听话，怎么办呢？掌握以下 3 条心理学法则，就能找到正确培养孩子自律的路径。

一、霍桑效应

改变，从被关注开始。

　　为了调查改善工作条件与环境等外在因素与提高劳动生产率的关系，1924 年 11 月，以哈佛大学心理专家梅奥为首的研究小组进驻西屋（威斯汀豪斯）电气公司的霍桑工厂。他们选定了继电器车间的 6 名女工作为观察对象，结果惊奇地发现，无论是提高福利（延长休息时间、免费供应茶点等），还是降低福利（取消上述措施）她们的工作效率都会提高。

　　原因何在？从心理学角度来说，当这 6 名女工被抽出来的时候，她们就意识到了自己是特殊的群体，是专家观察的对象……这种受关注的感觉会让她们努力工作，以证明自己是优秀的、值得关注的。

　　当个体意识到自己被观察或被关注的时候，就会有意识地改变言语表达或行为表现。这种现象就叫作霍桑效应。

　　简而言之，当你察觉到别人在关注你的时候，就会渐渐地在别人的注视下尝试改变自己，进而变得更完美。孩子更希望得到这种关注，特别是来自父母的关注。有些孩子原本学习不错，突然之间变得不爱学习，并尝试用极端的方式赢得父母的关注。将

霍桑效应运用到孩子的实际生活里，会有意想不到的收获！

父母对孩子的关注，是孩子努力的动力；父母对孩子的尊重，会增大孩子自主行动的空间。家长应该把对孩子的陪伴当作每天的必修课。陪伴孩子时，要多跟孩子聊一聊，让孩子通过倾诉说出自己的困惑或不满，让他的负面情绪得到宣泄，感受到家长对他的关注，让孩子了解到，自己一直很受家长重视。

1. 腾出时间陪孩子说话

虽然家长都很忙，但一天中总能挤出十几分钟的时间。即使在吃饭的时候，也可以询问孩子在学校的生活，让孩子体会到自己被关注的感觉。

2. 尊重孩子的看法

虽然有时候孩子的想法并不成熟，但父母不要经常说"小孩子懂什么"这类话，以免打击孩子的自尊心。父母应该多倾听孩子的想法，让他觉得自己被重视、被尊重，这样他就会不停地思考，总有一天会形成成熟的想法。

3. 耐心地倾听孩子

与孩子交流的时候，家长要耐心倾听，不能孩子刚开了个头，家长就提出各种解决方案。应该给孩子更多的空间，让孩子完整地表达想法，再与孩子沟通。不要过多地干涉孩子，更不要强制孩子服从家长的安排。

4. 包容孩子的负面表达

孩子发泄内心不满的时候，很容易出现一些负面表达，家长要包容孩子的这些负面情绪，不要和孩子进行情绪对抗，更不要批评孩子。理解孩子心中的不愉快，让孩子把所有的不愉快都完整地叙述出来，才能让他更好地减轻内心压力。家长以理智、冷静的态度与孩子交流，才能了解孩子内心真实的想法。

5. 引导孩子进行发泄

家长与孩子交流的时候，要引导孩子发泄负面情绪。孩

子的心理还没有完全发育，如果负面情绪一直积压在内心，就很容易带来严重的心理问题，而这种心理问题往往会伴随孩子一生。家长要引导孩子进行合理的情绪发泄。

二、延迟满足

在二十世纪六七十年代，斯坦福大学心理学家沃尔特·米歇尔进行了一系列著名的"棉花糖"实验。

工作人员招募了一群四五岁的儿童，把他们带进一个房间，房间里有一张桌子，桌子上放着一颗棉花糖。

研究人员告诉孩子，自己有事情要离开一会儿（约15分钟），如果他回来的时候，孩子没有吃掉棉花糖，就可以再得到一颗棉花糖作为奖励；如果吃掉了，则没有奖励。

有的孩子在房门关上后几秒钟就迫不及待地吃掉了棉花糖，有的等了1分钟，有的等了5分钟，有的甚至等了13分钟。

那些没有吃棉花糖的孩子通过唱歌、跳舞、闭眼睛等方法分散自己的注意力，直到研究人员回来。

40年后，研究团队找到了当年参与棉花糖实验的孩子，发现那些能够抵抗棉花糖诱惑的孩子，通常具有更好的人生表现，如成就大、身体健康等，即使遇到压力，也不容易崩溃。

这个实验说明：具有延迟满足能力的孩子，具备自律的基础，知道如何控制自己的欲望，严格要求自己，以完成既定的目标。对孩子来说，这是一种特别了不起的能力。

孩子的自律，可以通过延迟满足开始实现。所谓延迟满足感，就是不急于即刻的满足，不贪图现实的安逸，合理安排人生的秩序。如果孩子懂得事情轻重以及优先秩序，那么遇到问题时，他们绝不会逃避，会积极面对问题以及相关的烦恼和痛苦，再想办法一步步解决。

如果孩子只贪图享受，遇到问题就躲避，无法锲而不舍地坚持一件事，做事情三分钟热情，也不愿意多动脑筋，那么他就无法获得延迟满足的喜悦。

延迟满足能力可用来评估孩子是否愿意为了更大的利益放弃小利益，也可用来衡量孩子是否有恒心和耐心。能延迟满足是一种心理成熟的表现，家长培养孩子延时满足的能力，未来面临种种诱惑时，孩子就能控制自己的冲动，专注于更长远的目标。那么，家长应该怎样帮助孩子培养延迟满足能力呢？

1. 转移孩子的注意力

如果孩子看到超市货架上的棒棒糖，哭嚷着要吃，父母不要马上满足，要立刻转移孩子的注意力，可以说："我们等一下再来买，先去购买水果，好吗？"当买完水果后，孩子已经忘了自己想要吃糖这件事。有时候并不是孩子执意要做某件事情，而是家长太过较真儿。当然，如果孩子做到了延迟满足，家长也要适当给予鼓励，让他们明白自己的忍耐是有回报的。

2. 推迟孩子的满足需求

有时候，孩子可能突然想到一件事情就必须去做。比如，孩子正在写作业，突然想要看电视，这个时候家长应该推迟孩子的需求，告诉孩子：他可以想看电视，但必须先完成作业。

总之，要让孩子明白，要为自己的选择有所付出。如果家长能够做到这些，孩子就能学会权衡和思考，做出正确的选择。

3. 坚定地拒绝孩子

孩子都是父母手心里的宝，对于孩子的一些小要求，父母不忍心去拒绝，但父母一次次的纵容，会让孩子的延迟满足能力越来越弱。所以，面对孩子一些无关紧要的要求，家长直接选择拒绝即可。

4. 选对培养能力的时机

培养孩子的延迟满足能力要找准时机。对孩子来说，三岁左右是培养此能力的最好时机。因为年龄太小的孩子，对于这方面没有过多的认识，这时候的培养起不到任何作用。而等孩子大了，已经具备一定的控制能力，即使培养，效果

也不一定特别好。而对于三岁左右的孩子来说，心智发育都不太成熟，面对诱惑，需要尽力控制自己的欲望，而在一次次的努力和实践中，孩子就能产生延迟满足的能力。

三、破窗效应

1969 年斯坦福大学心理学家菲利普·津巴多进行了一项实验。

津巴多把两辆一模一样的汽车分别开到了两个不同的区域，一个是经济状况和社会治安都较好的中产阶级社区，一个是相对比较脏乱差的布朗克斯区。他不仅摘掉了车牌，还打开了车棚顶。

停在布朗克斯区的那辆汽车没过多久就遭遇了破坏，出现的第一组破坏者是一家三口，他们分别拿走了散热器和车内可以拆卸的零件。而在这组破坏者之后，陆陆续续又来了很多人，拿走车内他们认为值钱的东西，直到最后整辆车被人拆卸后扒走。而在中产阶级社区的那辆车，人们路过、经过它，整整一个星期，都没人去动它。

后来，津巴多又开始了新的动作，他亲自带着学生用大锤把完好的那辆车砸出了一个大洞。没过多久，这辆车也消失不见了。

这就是心理学中的"破窗效应"。

破窗效应是犯罪学的一个理论，此理论认为，失去秩序和约束力的环境，会诱导人们产生更多的犯罪行为。如同两辆车不同的命运一样，在不同的社区环境中，人们对自我的要求也不一样。通俗来讲就是，一个有少许破窗的建筑，如果破窗不加以修缮，可能会有破坏者破坏更多的窗户；如果有一面墙有很多的涂鸦没有被清洗掉，那么很快这面墙上就会布满了更多乱七八糟的东西；如果人行道上有些许纸屑，那么不久后就会有更多垃圾。

要让孩子用自律把生命中的破窗全部修葺一新，改掉坏习惯，及时修正问题。人们很容易受环境的影响，千万不要让"破窗效应"毁掉孩子。

一个人能否一直保持自律，就看会不会打破约束。这种约束，可以是内在的自我要求，也可以是外在的各种规章制

度。如果真的不小心打破了这种约束，自律的人会产生一种罪恶感；不自律的人则会沉迷于这种快感中。

及时纠正错误，孩子将来就能减少更多的失误。真正负责的父母会让孩子面对自己的过错，让孩子更有担当；剥夺了孩子为自己的错误负责的权力，孩子永远也不会成长为一个自律的人。

有些孩子可能抱有以下心理："今天先玩一会儿，明天再写作业，反正时间还很多。"在这样的心理驱使下，孩子就会将作业一拖再拖，最后很可能完不成。所以，父母必须让孩子认识到"今日事，今日毕"，让孩子清楚地知道今天的事情今天必须完成，不能拖到明天，帮孩子养成良好的习惯。

1. 做好知识点的整理工作

要想让孩子提高学习效率，使每天的学习活动有序地进行，就要引导他对当天学到的知识进行整理。让孩子给自己安排一段时间，把当天的知识点整理后做成一个表格，按科目分类，标出重点、难点、疑点。对于自己学习中的难点、疑点，要集中精力通过查参考书或问老师、同学的方式解决，这样，孩子的学习效率也会提高不少。

2. 做完一项划掉一项

在孩子执行学习计划的时候，要引导他们把完成的学习任务从表格中一一划掉，孩子就会产生一种"我做完了"的成就感。如果孩子能够提前完成当天的学习任务，还可以让他们自己安排一些轻松的活动，比如，听音乐、做运动等，作为对自己的奖励。

3. 找出浪费时间的因素

在指导孩子提高效率的时候，可以让他们列出哪些因素阻碍了自己完成当天的学习任务，做到心里有数。家长要让孩子明白：不要让问题像滚雪球一样越积越多，早日解决问题，学习才会很快有进步。

不自律的孩子，可能缺少 1 份《日常惯例表》

《日常惯例表》是一种实用性很强的工具。通过《日常惯例表》，家长可以达成与孩子的合作，孩子也能从惯例表的制作及执行过程中，收获自律和尊重。同时，在这个过程中，孩子的内心还能收获"我能行"的力量和自信。

与孩子共同制作《日常惯例表》的过程，也是一个锻炼孩子沟通、协作能力的过程，家长要采取启发式提问的方式，帮助孩子扩展思路。只有跟孩子进行适时适当的沟通，父母才能了解、发现孩子的真正需求，而不是对他的规划进行干涉。

一、制作《日常惯例表》的步骤

1. 和孩子一起制作《日常惯例表》

帮助孩子制作《日常惯例表》，鼓励孩子自律，让孩子参与，他们往往更乐于遵守。

2. 用头脑风暴想出需要做的所有事情

让孩子想出从早上起床到晚上上床睡觉期间该做的所有事情，家长做好记录，适当给予补充和修正。

3. 确定《日常惯例表》

和孩子一起讨论，确定孩子一天的《日常惯例表》，并为每件事情确定最后完成的时间。

4. 记录孩子做的每件事

孩子做每件事情，都要在惯例表的相应项目上做好记录。孩子在惯例表上看到自己做的每件事情，就会受到激励。

5.让《日常惯例表》说了算

在多数情况下，孩子会热情地遵守自己的惯例，如果他忘了，家长可以提醒他。如果孩子能够自己说出来，而不是由你告诉他时，他会更愿意合作。家长要用和善而坚定的方式，认真执行《日常惯例表》。

二、发挥《日常惯例表》应有的作用

要发挥《日常惯例表》应有的作用，家长需按照以下要求去做。

1.要温柔地坚持

父母既要温柔又要坚持，为孩子建立的惯例表才会起作用。遇到问题时，要结合孩子的惯例表，千万不要一味地说教。

2.《日常惯例表》应包括所有的家庭成员

当每个家庭成员都有惯例表，并坚持按照惯例表做，《日常惯例表》才有效。父母不应该把需要完成的任务清单留给孩子，自己却不遵守。

3. 不要以奖励剥夺孩子的主动性

贴小红花和物质奖励并不是尊重孩子，因为这些暗示着：孩子没有奖励，就可以什么都不用干。其实，孩子越能自我照料，越觉得自己能干，越能受到鼓励。

记住，制定《日常惯例表》的最终目的是让孩子觉得自己能干，觉得受到鼓励，由此带来的一个额外好处就是父母可以不必再唠叨。

三、制定《日常惯例表》的注意事项

制定《日常惯例表》要注意以下几方面的内容，如表5-1所示。

表 5-1　制定《日常惯例表》的注意事项

注意事项	说明
明确内容	要从孩子的需求出发，充分尊重孩子，邀请孩子参与制作惯例表，孩子参与得越多，后期执行越积极。同时，家长要跟孩子一起把要做的事情写下来或画下来。先将要做的事情全部呈现在纸上，家长再问先干什么，再干什么
约定时长	把要做的事情约定一个时间。时间的约定，也要充分尊重孩子的意愿，没必要一步到位，可以先执行，后面再慢慢加快速度。比如，这次约定 7 点半起床，执行一段时间后，可以跟孩子商量一下：你想不想早点到学校跟小伙伴们玩啊？如果孩子想，就问他，能否再早一点起床。总之，要循序渐进
执行时间逐渐增加	问问孩子，这份《日常惯例表》执行多久合适？建议第一次可以试用 3 天，3 天后，有用就继续，再延长 10 天；没用再调整，调整后再约定 3 天
有仪式感	和孩子一起制定《日常惯例表》，一定要让孩子有仪式感，比如：拉个钩、录个音、让孩子把《日常惯例表》张贴起来等。同时，还要由孩子告诉家人，孩子要开始执行惯例表了，家人要给予鼓励
设定奖惩机制	家长要先问孩子：遵守惯例表你喜欢得到什么奖励？然后问孩子：如果没遵守，可不可以接受妈妈的惩罚呢？亲子双方先就后果达成一致，并写或画下来
认真对待执行问题	在执行《日常惯例表》的过程中，肯定会遇到孩子拖拉的问题，家长不要指着贴在墙上的惯例表责怪孩子，应该描述事实，提醒他、鼓励他纠正。如果孩子依然不遵守，就得按照当初约定的惩罚来执行

第六章

少些质疑，
被信任的孩子才有主动性

心理学家乔伊斯·布拉泽斯曾说："爱的最好证明就是信任，信任孩子才是给孩子最好的爱。"要想提高孩子做事的主动性，首先要信任孩子。因为，被信任的孩子，才能将自身潜力挖掘出来。

父母的不信任并不会随时间的流逝慢慢消失，反而会像烙印一样刻在孩子心里，让孩子否定自己、贬低自己。

父母对孩子缺乏信任，质疑他们的能力、质疑他们的为人、质疑他们的品质……会压制孩子成长的潜力和探索的欲望，阻碍孩子独立意识的养成，影响他们的发展。

父母的信任，是孩子探索世界的基础，更是孩子积极性的驱动力。只有被信任的孩子，才敢于冒险，才不会被绝望和挫折压垮。

如果孩子是风筝，那么父母就是握着风筝线的人。不相信孩子，总是否定孩子，孩子怎么能飞得高、飞得远？

案例分析：不被信任的欣妍

一天，欣妍和两个小朋友去小伙伴家里玩，结果小伙伴家放在客厅的 50 元钱不见了。

小伙伴的家长便通知在场小朋友的家长，想调查清楚谁拿了钱。两个小朋友的家长极力否认，表示自己的孩子不可能偷钱。只有欣妍妈妈不由分说，拿起木棍就打欣妍，认定是欣妍拿了钱。欣妍感到很委屈，只能声嘶力竭地哭喊……

妈妈对这些误解不以为然，理所当然地认为随着时间的流逝欣妍会慢慢淡忘，却不知，被冤枉的伤痛不仅没有消失，反而像烙印一样刻在欣妍心里。

16 岁时，欣妍生了一场大病，再次回到学校，她发现自己跟不上学校的进度，逐渐迷恋上了网络。为了戒掉欣妍的网瘾，母亲以旅游为借口，把她骗到了戒网瘾学校。

　　来到这所学校，欣妍才知道，所谓的戒网瘾，不过是简单粗暴的折磨，电击、关小黑屋、钢鞭抽打、曝晒等。欣妍向妈妈求救，妈妈不相信她，认为她过于任性，要求她"再忍一忍"。

　　发现妈妈不信任自己，欣妍觉得心如死灰，陷入不断做噩梦的困境，总是梦见自己被孤立，而自己总需要努力证明自己是对的。她开始揣测别人的心思，希望别人能注意自己。她每时每刻都神经紧绷，总有一种被抛弃的不安全感。

　　欣妍变得越来越自卑，不相信任何人，觉得生命没有意义，害怕被这种感觉支配一辈子。不被信任的欣妍心里像有个无法被填满的洞，这个洞一点一点蚕食着她内心仅存的光芒。极度绝望之下，欣妍再也不相信妈妈，再也不愿意努力，她自暴自弃，不愿意学习，对其他事情也提不起兴趣。

　　如果孩子陷入不被信任的泥潭，孩子的自信和尊严都会被蚕食，当身边只剩下冷漠的怀疑，他对世界也会产生怀疑。现实中，不信任孩子的父母很多：

孩子帮忙端盘子，妈妈会立刻阻止："你端不稳，快放下，别把盘子打了。"

孩子拿扫帚扫地，爸爸说："别扫了，你扫不干净，去玩吧。"

孩子尝试新事物，父母说："做事没耐心，一看就不行，一边去！"

父母之所以会这样做，除了溺爱外，更是因为不信任，不相信孩子可以把事情做好。

这种情况持续的时间长了，孩子就会受到打击，继而变得不愿尝试新事物。

孩子想得到父母的信任，如果父母信任他，他做事就会更积极，速度也更快。反之，不被父母信任，他会觉得不管自己怎么努力，都做不好，自暴自弃。

不信任还会阻碍孩子独立个性的养成，阻碍其能力的发展。

在所有教育的元素里，信任这个元素意义非凡，起着举足轻重的作用。

被信任的孩子，究竟有多强

当孩子被信任的时候，他就能被父母看到，即使生活在艰苦的环境里，也能活出高贵的样子。信任的力量远超我们的想象，父母给予孩子信任，会对孩子产生十分重要的影响。

1968 年，罗森塔尔带助手来到一所乡村小学，在一到六年级各选了三个班，对 18 个班的学生进行了一个"未来发展趋势测验"。测验结束后，他把一份"最有发展前途者"的名单给了校方。这个名单占了学生总数的 20%，其实校长和学生都不知道的是，名单上的学生都是罗森塔尔随机选的。一段时间后，罗森塔尔再次来到学校，发现上了名单的学生，成绩普遍有了显著提高，且性格更外向，自信心、求知欲都变得更强。

因此罗森塔尔提出了一个现象，叫作"权威性谎言"。

他认为，他对于校方来说是权威，而校方对于学生来说也是权威，将"你最有发展前途"的"谎言"传递到学生身上，学生就能变成这样的人。

该实验验证了：老师或父母信任孩子，孩子得到积极向上的反馈，人生才能朝着积极的方向前进；反之，孩子就会向相反的方向发展。这就是心理学上著名的"罗森塔尔效应"，意思是说，当孩子被给予积极的暗示和期待，就会产生一种信念和力量，他们的表现也会越来越符合期待。

中国青少年研究中心曾做过一项调查，发现最受孩子喜欢的 10 种父母的做法中，排第一的是"信任我"。毫不夸张地说，被相信，被肯定，被接纳，是人性中的"刚需"，其重要性不亚于食物和空气。无论生活条件好坏，是否考入名校，被父母坚定相信着的孩子，才是最富足、最快乐的。在孩子成长的过程中，信任是父母给予孩子的最好礼物！

爱的最好证明就是无条件信任。如同《麦兜的故事》里麦太对麦兜说过的那样："全世界的人不爱你，我都只爱你；全世界的人不信你，我都只信你；我爱你爱到心肝里，我信你信到脚趾头里。"在信任中长大的孩子，无形中会多出一股力量。这股力量会滋养孩子的心灵，促使孩子发挥自己最大的潜能，激励他克服生活中的种种困难，朝着目标前进。

1. 父母对孩子的信任，是孩子最大的内驱力

收获了父母的信任，孩子才会尝试更多的努力，带来更多的惊喜。因此，不要羞于表达对孩子的信任和鼓励，要告诉孩子"你很优秀"，认可他的优点。

2. 相信孩子，孩子就会更自信

相信孩子，孩子才能增加内在的力量。孩子完全能感受到父母是否信任自己，如果想要孩子更加自信，就要从现在开始，相信他。

3. 孩子的力量源于父母的信任

孩子可以从父母身上获得足够的力量，如果父母对孩子足够信任，那么孩子的力量就能彰显出来，做事更有干劲，内在就不会产生无力感，始终会感觉能量满满，充满了希望。

4.相信孩子，孩子做事才能竭尽全力

沉浸在父母的信任中，孩子就能很好地成长，不必考虑哪里做得不对、哪里做得不好，孩子完全是放松的和自由的。如此，孩子就能安心地成长，并为自己喜欢的事情竭尽全力。

5.相信孩子，孩子的兴趣就能被激活

相信孩子，孩子就能做自己想做的事，他的内心就能很笃定、很自在。因为他知道，无论自己做什么，只要不违反法律和道德规范，不伤害自己和他人，父母都会允许。有了这种信任，孩子就能勇敢地向前走。

6.相信孩子，孩子内心的安全感会更足

真正的安全感来自内在，不管外界环境如何变化，孩子的内心都会感到安全。父母要给予孩子安全感，信任他、欣赏他，发现他身上的闪光点。

持续地这样做，就能滋养到孩子。

7. 信任能让孩子更加有成就感

信任等于父母将一切都托付给了孩子，孩子在承受重大的责任时，一定会更加努力地去做自己想做的事情。研究发现，不被信任的孩子容易对生活丧失乐趣。他们被父母无限制地监督，从一开始就丧失了自主权。而那些被信任的孩子，却能把事情都做得非常出色，因为父母给予了他们自主的空间。

8. 被信任的孩子往往更自立

自律和自立一般都是同时进行的，只有自律的孩子，才能变得更自立。父母的信任是开启孩子自律的第一枚钥匙，当孩子不被父母管制的时候，往往可以变得更加出色。其实，父母信任孩子也是在给孩子提供开阔眼界的机会，使他提高做事的主动性。

9. 被父母信任的孩子活得自信而坦荡

孩子得到父母信任并被寄予积极的期待时，就会朝着积极的方向努力，表现也会越来越好。如果孩子是向日葵，那么父母的信任就是阳光，不需要借助风势，只需向着太阳，

就能驱动自己成长。孩子终究要自己面对未来，父母不是"裁判"，更像"啦啦队"，可以给予孩子鼓励与关爱，给予孩子力量与信任。被父母信任的孩子，注定能活得自信而坦荡。

10.父母信任孩子，亲子关系更好

以信任为前提的人际关系，会随着交往的深入变得越来越亲密；总是互相怀疑，猜忌对方的话语和行为，这段关系一定会破碎。在亲子关系中，也是同样的道理。父母的信任是孩子的底气。孩子从父母那里感受到信任和理解，往往更愿意敞开心扉，亲子关系也会越来越好。在顺畅的沟通中，父母更容易了解孩子，孩子也更容易听从父母的建议和指导。

……

正如教育家斯宾塞所说："当孩子感到被爱和被信任时，不久奇迹就会出现在你眼前。"父母的信任，可以给予孩子足够的安全感，这些安全感是孩子一生的靠山，让孩子有底气离开舒适区，勇敢追梦。父母的信任，可以赋予孩子一双翅膀，帮助孩子勇敢地展翅翱翔，去闯荡，去拼搏，去实现自己的梦想。

父母对孩子的信任是最大的内驱力，所以家长不要吝啬对孩子的信任，要告诉孩子"你很棒""妈妈相信你"。

对孩子表达信任的两个工具：相信和认同

父母对孩子表达信任，孩子才会对生活充满勇气，对自己充满信任。事实证明，只有充满自信与勇气的孩子，才能面对生活中的各种挑战，抵抗外界的压力，激发自己的内在潜能。父母要发自内心地信任和尊重孩子，让孩子感受到被接纳、被认同。

一、相信

1961 年，皮尔·保罗来到一所各方面条件都很差的小

学当校长。当时校园硬件设施不好，大部分学生也游手好闲，根本就不学习。看到这些学生，他感到很头疼，也为孩子们感到惋惜，他使用了很多办法，都没让学生变得积极向上。

小罗尔斯就是这个学校的学生之一，他像这里的多数学生一样，不爱学习，喜欢打群架、斗殴、吸烟，无所不做。

有一天，小罗尔斯又像平时一样从窗台跳到教室里"上课"，被皮尔·保罗逮个正着。

小罗尔斯低头站着，心想，这一顿批评免不了了！让他始料不及的是，皮尔·保罗轻轻地托起他的小手，凑到眼前端详了好久，然后笑眯眯地说："不得了了。你有这么修长的小拇指，将来肯定是纽约州的州长。"

小罗尔斯内心激动万分：不会吧？我以后会是纽约州的州长。我记得小时候奶奶跟我说过，我可以成为五吨重的小船船长，那已足够让我遐想联翩了。这次竟然是纽约州的州长，是的，我一定要把它变为现实。

从那天起，罗尔斯像脱胎换骨一样，衣服不再沾满泥土，每天神采奕奕地来上学。在以后的 40 多年间，他都按州长的身份要求自己，最后在 51 岁，终于成了州长。

人很容易受暗示的影响。如果孩子总是被别人暗示为品行端正、善良友爱，他就会在这种氛围里渐渐生发出自我肯定的意识，品行就会朝着健康的方向发展；如果孩子总被暗示为有某个问题，就会在这方面不断地自我否定，逐渐丧失自信，向坏的方向走去。

研究发现，在别人不断的暗示下，个人的外貌也会发生改变。相貌平平的人，整天都沉浸在赞赏的目光下，就会变得越来越光彩照人；五官标致的人，在不断的蔑视中，也会变得形容枯槁，无精打采。

父母对孩子的信任是父母对孩子最好的肯定和期待，是孩子勇往直前的巨大的力量源泉。孩子需要认可，父母要无条件地信任孩子，让孩子感受到爸妈的爱。那么，怎么才能做到相信孩子呢？

1. 不要拿自家孩子跟别人比较

每个孩子都有成为好孩子的欲望，家庭教育就是要让孩子找到"我是好孩子的感觉"。孩子感受到"我是好孩子"，信心就会大增，学习就会充满活力。总是拿孩子与别人进行比较，孩子就会觉得"我什么都不如他人"，从而丧失前行的勇气，蜷缩在心灵的角落里叹息。

比较，本身就是一种伤害。在比较中处于强势一方的孩子，会因此沾沾自喜，从心里产生高人一筹的感觉；而处于劣势的孩子，会因为自愧不如而心灰意冷。严格说来，人与人之间并没有可比性，因为每个孩子都是具体的，都有其个性，其生活背景、成长经历都是有差异的。让孩子进行某方面的比较，本身就是不公平的。

2. 主动放手，不要给孩子太多的保护

在家庭中孩子听得最多的是"不准"，不准这样，不准那样。在此起彼伏的"不准"声中，他们中规中矩，不敢越雷池一步。如此状态下成长起来的孩子，内心就会被一种无形的东西束缚，只会听命于他人，没有主见，更谈不上创新。

父母总是怕孩子受到伤害，这是对孩子的一种本能的保护欲。其实，完全可以转变一下想法和看法，只要不涉及人身安全和健康等重要事项，都可以认为它是能够带给孩子收获的。孩子就是一颗种子，想要让他长成参天大树，除了阳光、雨露和除虫，还需要放手让他们去经历风吹雨打。

3. 不要太多地表露焦虑情绪

很多父母的焦虑伴随着孩子的成长。

看到别人家孩子会说话、会走路了，于是担心自己的孩子说话晚、走路慢；

孩子会说话了，担心孩子不喜欢看书；

孩子学会看书了，担心孩子学习成绩不好；

……

父母在养育孩子的过程中，似乎就没有放松的时候。

作为父母，多数时候我们面对的焦虑，并不是孩子智商有问题，而是孩子在现有的智力水平上如何应对和处理压力的问题。无论聪明、愚笨，还是平常智力，孩子都会遇到自

我质疑的时候。父母的焦虑，给孩子传递的信息是"你不行"。孩子从父母的种种焦虑里感受到不信任，潜意识就会认为"我不行"，做事就会畏手畏脚；只有父母不焦虑，孩子才能自信地勇往直前。

4. 不要任意贬低和质疑孩子

有些父母觉得孩子还小，在很多事情上都不懂得尊重孩子，总是贬低或质疑孩子。比如，当着亲朋好友的面随意谈论孩子的缺点或者过去做过的某些糗事，用责怪和羞辱的方式来督促孩子改正错误。

在孩子的成长过程中，撒谎、耍赖或做错事都是免不了的。父母如果不断地批评和质疑，会让孩子觉得父母不信任他。想让孩子做事更积极主动，遇到类似的问题，就要相信并帮助孩子改正错误。

5. 给孩子犯错的机会

孩子的成长之路其实就是不断试错的过程，父母要允许孩子犯错，并让他从错误中吸取经验教训，丰富自己的知识和阅历。父母应该相信孩子的能力，相信他能够处理好自己的事情。这样，不仅能增强孩子的自信心，也能培养他们独立自主的性格。

6. 多跟孩子沟通交流

父母忽视了和孩子的交流，就无法知道孩子内心的真实想法了。长时间缺少亲子之间的交流，孩子就会对父母失去信任，当孩子再次遇到问题时，就不愿意向父母求助了。

父母是孩子最信任的人，只有得到父母无条件的信任，孩子才会真正信任父母，相信父母会帮助他们解决人生困境，走向美好的未来。

二、认同

网上曾有这样一个提问：得不到父母认同是一种怎样的体会？

网友回答了自己最真实的情感：

因为从小不被认同，成长以后的我，一个人在外，无论

多苦多累，受多大委屈，都不会想到给家里打电话；

因为从小不被认同，我从小想逃离家，长大后也不愿意回家；

因为从小不被认同，我内心无比孤独，始终感觉世界上只有我自己；

因为从小不被认同，我对他人的期望值无比低，还没有接近，就做好了被人背叛的准备；

······

透过这些文字，我们能看到一颗颗无助的、脆弱的心灵。孩子在心底都渴望被父母认同，否则，他们会感到自己是有缺陷的，是不完整的。

父母的认同，是孩子自信的源泉。认同孩子，是父母给孩子的最好的礼物。

孩子是透过父母看待这个世界的，父母给予的认同，将影响到孩子面对世界的态度。

孩子跌跌撞撞地往前走，摔倒时总会回头看向父母的方向，他们最终选择勇往直前，还是沮丧后退，关键都在父母的每一次认同中。父母给予的认同，像一把激发孩子潜能的钥匙，激励着孩子勇敢前行。

家长对孩子的认同，会让孩子拥有无穷尽的勇气。他们敢于直面未知的一切，即使撞得头破血流，也毫不畏惧。不被家长认同的孩子，内心充满了委屈，希望得到父母的关注，却又担心会受到父母的否定，只能活得战战兢兢。

孩子不被家长认可，将会承受太多的负面心理，如表 6-1 所示。

表 6-1　不被父母认同的孩子的心理

表现	说明
持续否定自己	不被父母认同的孩子，无论做什么事情，都会习惯性地讨好别人，否定自己，即使自己已经做得足够好，仍然会担心受到别人的批评。他们认为自己不配拥有更好的，不懂得积极争取自己想要的，一味自怨自艾，生活在灰暗之中，却又无能为力
找不到前进的方向	父母的认同是孩子成长路上的助力，父母不认同孩子，孩子将会迷失在前进的途中。孩子习惯了被父母否定，仿佛自己做什么都是错的，找不到前进方向。缺少了父母的认同，孩子犹如无根之木，即使已经很努力了，仍然一头雾水，认不清未来在哪里

续表

表现	说明
内心极度敏感	长时间得不到父母的认同，孩子的内心就会极度敏感，会因为别人的一句话或一个眼神而黯然伤神，容易因为自己的错觉而失去和谐的人际关系。他们认为自己是不受欢迎的，极度敏感，活在自己臆想的世界里无法自拔

每个孩子都有闪光点，父母不能总盯着孩子的缺点，要将关注点放在孩子的优点上。被父母认同的孩子更优秀，认同孩子，父母可以从这几个方面入手。

1. 多给孩子积极的暗示

孩子年龄小，做事情难免出错，父母要努力支持孩子，给孩子积极的暗示，让孩子调整自己，大方地展现自己。即使孩子做错了，家长也要给予积极的反馈，告诉孩子，我相信你一定是无心的，下次你一定可以做好……给予孩子前进的动力，让孩子勇于纠正自己的错误。

2. 告诉孩子，父母的爱一直都在

不管怎样，都要告诉孩子：爸爸妈妈对你的爱一直都在，

不管你走到哪里，只要你转身，我们都在你的身后，是你永远的依靠。

父母要无条件地认同孩子，无条件地支持孩子，给孩子无穷尽的爱，相信孩子可以发掘自己的潜力，用自己的方式面对未知的一切，找到属于自己的道路。

3. 对孩子的感受给予实时回应

当孩子有情绪时，父母要及时回应，不要一味地讲道理。

4. 用实际行动让孩子觉得你是认同他的

父母不仅可以用言语来表达自己的认同，还可以通过行动来表示这种认同。例如，送礼物或拥抱就是在用行动表达认同。

第七章

重视计划，认真规划的孩子不懈怠

高尔基说："不知明天该做什么的人是不幸的。"每个孩子都应该具备计划观念和计划能力，这样就能有条理地安排学习和生活。

对于孩子来说，做事有计划，才能提高做事的主动性。有了计划，孩子就能井然有序地处理事情，而不会手足无措。做事没有条理，不仅无法很好地照料自己的生活，更无法很好地学习。

只有制订切实可行的计划，孩子才能知道每天应该做什么、怎样做才有助于目标的实现。做事没有条理或没有计划，孩子的人生之路将会比其他人走得更辛苦。

做事有计划，不仅是一种能力，更是个人性格的重要组成部分。在孩子的成长教育过程中，家长有意识地帮助孩子养成这种习惯，对孩子的一生非常有助益。

案例分析：不愿意制订学习计划的靖瑶

案例

平时，靖瑶最喜欢说的话就是"不急""等会儿""慢慢来"……

期中考试前，靖瑶把多数复习时间都花在自己喜欢的科目上了，其他的科目则能拖就拖、草草收尾。结果成绩发下来一看，喜欢的科目几乎满分，不喜欢的科目惨不忍睹。爸爸劝她重视薄弱学科，可她怎么也听不进去，甚至越来越懈怠。

有一次奶奶过生日，晚上全家人一起吃饭，妈妈就让她赶紧在出发前把作业写完。靖瑶嘴上答应着，动作却磨磨蹭蹭的。吃完饭后回来继续写，折腾到半夜一点才完成。

类似的情况太多了，道理也说了个遍，就是没啥效果。

舅舅是一位收藏爱好者，他发现外甥女做事没有条理，经常乱放东西，用的时候翻箱倒柜地找，弄得一团糟。为了让外甥女养成做事有条理的好习惯，舅舅想到了一个好办法。

一天，靖瑶又一次好奇地看着舅舅摆弄那些小物件。

舅舅说："爱好收藏的人，任何时候都会感到快乐。"

靖瑶好奇地问："舅舅，你说的是真的吗？我也想收藏。"

舅舅笑着说："可以啊。"

"可是，我应该收藏什么呢？"靖瑶像小大人一样叹了口气，"唉，我什么都不懂呀。"

舅舅说："什么都可以啊，你喜欢画画，就可以收藏一些美术作品，比如小贴画、好看的图片等。"

靖瑶高兴地说："那很容易，我收集了很多图画。"

没想到舅舅却浇了她一头冷水："'收'容易，'藏'很难，你不要说大话哦。"

靖瑶赶忙说："这有什么难的？不是放在一起就可以了吗？"

"可没那么简单。要分门别类，得有条理性。你能做到吗？"舅舅故意使用了"激将法"。

果然，靖瑶马上就说："你只要教给我，我就能学会。"

　　舅舅看到自己办法奏效了，趁热打铁，开始教靖瑶如何分类。

　　舅舅说："我教你一种国际上最常用的分类办法吧，就是资料十进分类法。具体办法就是，将资料从粗到细分成类、纲、项、目4个层次，每个层次以0~9为记号分成10等份，将所有的资料分成10类、100纲、1000项、10000目。"

　　靖瑶不太明白，追问道："什么是类、纲、项、目呢？"

　　舅舅告诉她，"类"代表知识体系，"纲"代表专门知识，"项"代表专业，"目"代表形式。比如，可以把知识分成10类：1是哲学，2是历史，3是社会科学，4是自然科学……

　　在舅舅的指导下，靖瑶将自己的图画分门别类地整理了一番，看上去有条理多了。学会了这个办法，靖瑶开始了自己的收藏生涯。半年后，她不仅有了两本厚厚的条理清晰、井然有序的画册，还养成了分门别类的好习惯，做其他事情也变得更有序了。因为东西摆放有序，做起事情来，她也不再慢吞吞地了，主动性大大提高。

现实中，很多孩子总感觉每天事情太多，时间不够用，看起来忙忙碌碌，实际效率很低。这种孩子一般都缺少计划意识。

他们的生活和学习缺少主动性，需要别人在后面推着走，自己一直疲于应付，丢三落四。写作业时想着看电视，看电视时想着家务，做家务时想着锻炼……不对事情进行总体安排，不清楚每件事的具体步骤。分不清轻重缓急，就无法养成做事有计划的好习惯。

孩子做事缺少计划，通常都有以下几种表现。

1. 做事总是丢三落四

现实中，很多孩子都是马大哈，比如：永远整理不好自己的书包，上课时总是差一支笔，回家后总是差一本作业……家长提醒了无数次，他们好像一句也听不进去。丢三落四是很多毛病的外在表现，缺少计划性则是内在原因之一。孩子不仔细安排各种事情，总是等着父母帮助自己，就容易养成丢三落四的习惯。

2. 做事有头无尾

有的孩子做事情只顾开头，不管结尾，不会通盘考虑整件事情。三分热度也是这种毛病的表现之一。任何事情在开始之后都需要认真往下进行，才能完成，形成闭环。孩子通常都没有这种思维，父母需要帮他逐步建立起闭环思维，并提醒和监督孩子实现闭环。

3. 想到什么就做什么

有些孩子做事随心所欲，他们无所谓"在某个时间段该做些什么事"，而是"我现在乐意做什么就做什么"，没有轻重缓急之分。比如，小学阶段需要父母守着才做作业的孩子，通常都有这种毛病。这样的孩子既没有计划性，也没有自律性。

对于一个孩子来说，有计划不仅是一种做事的习惯，更反映了他的做事态度，是孩子能否取得成就的重要因素。此外，做事有计划还是一种需要终生保持的良好习惯。因为它可以帮助孩子有条不紊地处理学习和生活中的事情。

凡事预则立，不预则废

无目标的努力，如同在黑暗中的远征；而不同目标的实现，也需要不同的策略和预案，只有明确了方向与目标，计划才能有迹可循、有规律可依。

很多家长可能会担心，做这些计划要额外花费很多时间，岂不是又额外增加了孩子的负担？其实，并非如此。科学合理的计划不仅能使孩子高效利用时间，游刃有余地学习和生活，还可以有效培养孩子做事情的条理性、统筹时间以及思考分析的能力。

孩子做计划，不仅能让他的目标变得更清晰明了，还能让孩子体会到努力后的成就感。家长要对孩子进行陪伴与引导，与孩子一起厘清计划、评估方法，让孩子学会规划，成就未来的人生。

由于孩子的性格还没定型，因此，在孩子小时候就帮他们制订计划，不仅有利于孩子的做事习惯的养成，还有利于孩子性情的培养。

家长要结合学校教育、家庭教育和孩子自身的实际情况，帮助孩子制订成长计划，使整个家庭教育过程不偏离正常的发展轨道，为孩子的成才起到引领、监督和调整的作用，助力孩子成长。

具体来说，家长要从以下几方面做起。

1. 设定成长目标

无论是学习还是生活，孩子只有明确目标并朝着目标不断努力，才有可能成功。

明确了成长目标，孩子就会激发内在的学习动力，并朝着目标不断地努力。父母可以和孩子沟通交流，尊重孩子的内心需要，问问孩子，自己渴望成为怎样的人；然后，引导孩子关注身边的榜样，或给孩子确定一个可以学习的模范，让孩子了解努力达成的模样，朝着这个模样奋发向上，努力成为自己渴望成为的人。

另外，家长还可以参照这样的育人目标来引导孩子：明辨事理、文武兼得、劳逸结合的时代新人。在实现目标的过程中，与明辨事理对应的是德育与情感教育，与文武兼得对应的是智育与体育，与劳逸结合对应的是劳动教育和美育。明辨事理、文武兼得、劳逸结合涵盖了德智体美劳情各角度，可以促进孩子全面发展，让孩子成长为自信、自律、能自食其力的新时代少年。

2. 合理分配时间

追求孩子的全面发展，就是顺应孩子的发展天性，将孩子本该有的健康快乐童年还给他。生活本身就是一本百科全书，要让孩子在生活中成长，做到学习和生活两不误，将二者都兼顾到。

跟孩子一起设定成长目标后，要引导孩子合理地分配学习和生活的时间。最好给孩子留出玩耍的时间，让孩子每天都拥有用来"玩"的时间和空间。家长要将这个时间和空间交给孩子，由孩子自由支配。

只学不玩，孩子会变成书呆子。孩子每天的睡眠时间最

好保持 9 个小时左右，饮食时间控制在 2 小时左右。满足了睡眠和饮食后，再拿出 8 个小时进行知识的学习。剩下的 5 个小时最好用来训练孩子感兴趣的内容，鼓励孩子参与同伴的交往，推进孩子的社会情感学习。

家长可以参照这样的时间比例合理分配孩子一天的作息时间，把生活、学习、运动、劳作、游戏、兴趣等内容有序地安排好，按部就班，这样孩子的生活和学习就会变得从容很多。学会时间管理，孩子生活中的每分每秒都能变成生命中美好的时刻。

3. 计划安排内容

要努力让孩子发展成性格好、身体好、学习好的"三好学生"，除了重视每天的知识学习，还要重点培养孩子的兴趣爱好、探索与好奇心、诚信意识、坚韧的意志品质、良好的性格、高品质的人际沟通和团队合作能力……这些对于孩子的成长至关重要。

在孩子的成长计划里，应当围绕孩子的兴趣爱好安排学习和活动内容，将自信、自律、追求自食其力等理念融入孩子的成长计划中，如表 7-1 所示。

表 7-1　计划安排方法

方法	说明
每天要有相对固定的阅读时间	阅读，是个开阔视野、活跃思维的好方法。古人早就告诉我们：书中自有黄金屋！
根据孩子的兴趣，每周安排一次时间，培养孩子的艺术特长，陶冶情操	关于艺术特长的培养，要处理好"浅尝辄止"和"坚持不懈"的关系，有些艺术特长培养项目只要让孩子接触一下即可，激发孩子在这方面的兴趣；有的项目则需要长期坚持，比如练好书法或精通一门乐器等，需要家长的引导和鼓励，纳入成长计划中分步实现
每天抽出一定的时间做家务劳动，让孩子养成做家务的习惯和对家庭的责任感	不要将孩子推出家务之外，因为作为家庭成员之一，孩子有责任承担家庭事务。不舍得孩子做家务，不仅不利于其基本生活能力的培养，还可能将其培养成一个自私自利的人
读万卷书，走万里路	家长可以与孩子一起商量，列举打算外出游览的地方，让孩子开阔眼界，增长智慧，胸怀天下，最好将短途和长途结合起来，将自然与人文相结合

　　家长在跟孩子一起制订计划的时候，要根据孩子自身的特点去筹划和引导。每个孩子的成长计划都应该是独一无二的，每个孩子身上都有其他孩子所不具备的闪光点，家长的责任就是挖掘孩子的闪光点，并在孩子启蒙的时候以合适的方式点燃它。

4.学会落实成长计划

即使成长计划做得再完美，不落实，也只是空谈。家长和孩子一起制订成长计划后，一定要把这份计划转化成每天看得见、摸得着的可实施的做法，制订出相应的奖惩措施，约束孩子达成成长计划。

比如，如果条件允许，可以开辟一面墙壁，作为孩子的成长记录墙，把成长计划的内容都呈现到墙上，起到提醒的作用。还可以为孩子设计一个成长记录袋，把孩子成长的收获用图片、文字等形式记载下来。

举例：今日计划

年 月 日
7：00—8：00 起床，跟爸爸一起晨跑
8：00—9：00 早餐，和妈妈一起做家务
9：00—10：00 做暑假作业
11：00—12：00 玩玩具，做手工
12：00—13：00 午餐，和爸爸妈妈聊天或一起看电视
13：00—14：00 午休和音乐时间
14：00—16：00 阅读时间
16：00—17：00 去运动场和小伙伴一起打球
17：00—18：00 休息和晚餐
18：00—19：00 和爸爸妈妈一起去公园散步

续表

> 19：00—20：00 洗澡，看电视
> 20：00—21：00 亲子阅读，睡前自由时间
> 21：00 熄灯睡觉
>
> 今日回顾：_____
> _____
> 今日做得很棒的地方有：_____
> _____
> 今日不足的地方有：_____
> _____
> 今日整体表现：_____
> _____
>
> 明天继续加油哦！

用 5 个适用的计划表格，激发孩子动力

为了激发孩子的动力，就要学会制作适用于计划的表格。

这里，我们收集了 5 个最常用的计划表，供大家参考。

家长可以带孩子一起制作，然后根据孩子的实际情况，

选择最适合自家孩子的表格。

一、日程表

日程表主要针对每天的规划，要明确到什么时间、做什么事。可以随身携带，随时记录每日状态，进行时间管理。如表 7-2 所示。

表 7-2　日程表

姓名　　　　年　　月　　日

时间	事项
8：00—9：00	
9：00—12：00	
12：00—14：00	
14：00—17：00	
17：00—20：00	
20：00—22：00	
……	

1.表格介绍

这个日程表精确到了小时，孩子可以在表中记录上课的听课状态，是否走神，上课回答了几次问题。

午休时间可以记录当天中午午睡了多久，或者中午在外面活动了多久，记录在哪种活动后下午的上课状态最好。

放学后，可以记录到家后做了什么，几点开始写作业，几点完成。

这种表格不仅能让孩子知道自己每天都做了什么，也能让孩子自己总结出什么时间自己做事的效率最高，什么情况下自己的学习状态最好。除此之外，还可以为孩子写作文提供灵感。

一天过去了，很多孩子很可能根本不记得具体做了什么。通过这样的表格记录，孩子就能关注到日常生活中的小细节。

2.注意事项

（1）刚开始制作和填写的时候，孩子可能很容易忘记，家长要尽可能地提醒孩子养成习惯。同时，要让孩子知道，

即使忘掉了一个时间段也没关系，坚持写下去才是最重要的。

（2）对于上课走神、放学回家拖延作业等问题，孩子可能不愿意写出来。出现了这种情况，父母就要让孩子知道，这些小毛病都正常。父母要跟孩子一起正视这些问题，让孩子努力改正，不能把问题隐藏起来。

二、待办事项列表

该表格适用于预习和复习，确认注意事项，可以用来做备忘或整理问题。如表 7-3 所示。

表 7-3　待办事项列表

日期	待办事项

1. 表格介绍

首先，这种待办事项表格可以用来记录备忘列表。很多孩子做事时总是丢三落四，一到家打开书包就发现课本留在学校了，或者练习册忘带了。为了杜绝这种情况，可以让孩子把要做的事情都记录在表格里，都确认完成了，再放心大胆地去玩。

其次，这个表格还可以用于课前预习。在预习的过程中遇到不会的问题，可以记录下来，第二天上课着重听这部分。复习也一样，遇到不会的地方记录下来，第二天再去问老师，就能清晰地知晓自己要问老师的问题。

2. 注意事项

（1）对于健忘的孩子，家长应确保孩子没有忘记这份备忘列表，把它放在醒目的位置。

（2）如果是用于预习和复习，可以把表格保存下来，当作错题本的一部分。

三、月打卡表

该表格适用于情绪沟通、习惯养成、每日打卡。如表 7-4 所示。

表 7-4　月打卡表

姓名		时间		周计划		总结
星期一	星期二	星期三	星期四	星期五	星期六	星期日

1.表格介绍

孩子出现负面情绪时，可以把这张表贴在墙上，在表格上面记录一下自己的心情，其他人看到自然就明白了。这样就可以在不伤害家人的情况下，保留自己的情绪空间。

　　这张表格同样也可以作为习惯养成的打卡表。众所周知，28 天是习惯养成的周期，孩子坚持每天在这张表格上打卡，就能看到养成好习惯的过程，获得满满的成就感。

2. 注意事项

　　（1）可以购买一些表情贴纸配合情绪表，或选用有颜色的笔记录，一目了然。

　　（2）给孩子设立打卡奖励，鼓励孩子，让孩子更有动力坚持。

四、百日打卡表

　　该表格适用于长久的目标、考前计划，如表 7-5 所示。

表 7–5　百日打卡表

							姓名		年
100/	99/	98/	97/	96/	95/	94/	93/	92/	91/
90/	89/	88/	87/	86/	85/	84/	83/	82/	81/

续表

80/	79/	78/	77/	76/	75/	74/	73/	72/	71/
70/	69/	68/	67/	66/	65/	64/	63/	62/	61/
60/	59/	58/	57/	56/	55/	54/	53/	52/	51/
50/	49/	48/	47/	46/	45/	44/	43/	42/	41/
40/	39/	38/	37/	36/	35/	34/	33/	32/	31/
/30/	29/	28//	27/	26/	25/	24/	23/	22/	21/
20/	19/	18/	17/	16/	15/	14/	13/	12/	11/
10/	9/	8/	7/	6/	5/	4/	3/	2/	1/

1. 表格介绍

这张百日计划表是月计划表的升级版，适用于更长久的目标，需要坚持的时间更久，能让习惯从此成为生活的一部分；也可以用于大考的考前倒计日提醒。

100 天的计划能够让孩子感受到光阴的流逝，进而更加珍惜时间。与打卡表不同的是，过去的天数越多，倒计日表给孩子带来的紧张感更多，这种紧张感会激励孩子不要松懈。

2. 注意事项

（1）孩子坚持 100 天后，可以把这份表格收藏起来，也是一份难忘的回忆。

（2）填写倒计日表时，要注意孩子的心情，如果发现孩子出现了焦虑感，要及时帮他们缓解。

五、读书计划表

该表格适用于读书后的记录，可以用来做读书计划。如表 7-6 所示。

表 7-6　读书计划表

姓名　　　　年　　月

日期	书名	作者	备注

1.表格介绍

这份表格可以记录孩子读书的时间、书名、作者等信息，让孩子明确自己读了哪些书。也可以在作者栏简略总结对作者和图书的看法，使孩子每一本书的印象更深刻。

除了可以记录，也可以用作目标设定，计划这个月要读哪些书，列成书单；计划每天要读多少页，是否完成。

2.注意事项

（1）提醒孩子，读书不能贪图量，要尽量精读。

（2）可以帮孩子准备一本读书笔记，记录感想。

第八章

关注交往，
人缘好的孩子做事更积极

人是社会性动物，要想生活得幸福，离不开和他人的交流和合作。人际关系和谐也可以驱动孩子积极做事。比如，做游戏需要和小伙伴配合；完成小组任务需要几个同学一起协作，只有大家相处得不错，才能提高做事的主动性；跟他人矛盾重重，很可能事情做到一半就无法进行了。

人缘好的孩子，在社交能力和情商方面都会有比较突出的表现。社交能力比较差的孩子，会感到孤独，没安全感，凡事以自我为中心，不愿与人合作，无法融入集体，如此必然会影响到他们的行动力。

因此，父母要尽可能地让孩子从小就建立和谐的人际关系。只有提高社交能力，孩子才能更自信，做事才能更主动。

案例分析：跟同学关系恶劣的博文

案例

　　博文上中班，对于妈妈来说，每天早上送他去幼儿园都是一种折磨。

　　博文每天都不愿起床，一直在家磨蹭，刚开始他只是迟到。后来博文实在不想去幼儿园，妈妈只能跟老师请假。时间长了，老师有意见，建议孩子转走。

　　于是妈妈就把博文转到另一所幼儿园，结果还是一样。

　　经询问才知道，博文不想去学校，是因为没有小朋友一起玩。

　　妈妈心疼孩子，让老师帮忙找了几个孩子跟博文一起玩。结果没几天，博文又不愿去学校了。妈妈没办法，又求助于老师，老师说不是同学不愿跟博文玩，而是博文不愿跟同学玩。

妈妈觉得博文还小，大一些可能就会好一点。可是，博文上小学后，这种情况并没有好转。

放学回家，博文总是闷闷不乐的样子，从学校回来，进门就回房间写作业。妈妈再三询问，才知道博文跟同学合不来，别人说悄悄话也不让他知道，他感到比较失落。

妈妈意识到，博文是家中的独生子，性格比较内向，跟同学交往的时候不爱说话，也不知道怎样分享自己的快乐，被同学排斥，就会表现出悲观情绪，不懂得如何处理。发现了问题后，妈妈鼓励博文跟同学分享自己喜欢的东西，慢慢学会跟同学相处；同时，还叮嘱博文要和同学互帮互助。

一段时间后，博文学会了分享，也交到了与自己合得来的小伙伴。

跟同学相处和谐后，博文渐渐喜欢上了学校，学习的自觉性也大大提高了，有几次考试成绩还不错，受到了老师的表扬。

　　　　从心理学角度来说，同伴关系主要是指同龄人或心理发展水平相当的个体在交往的过程中建

立和发展起来的一种人际关系。

在学生时代，同伴关系是最重要的一项人际关系。学生时期的同伴关系对于个人社会化过程起着无法取代的独特作用。从情感需求层面说，学生时代对同伴的需求甚至高于父母，因此孩子才会因同伴关系不佳感到苦恼和不解。

积极良好的同伴关系有助于青少年社会价值的获得，社交能力的培养，以及人格的健康发展。但是，并不是每个孩子都能很好地建立良好的同伴关系。很多孩子在学校的时候会出现和其他同学打架、吵架、相处不和睦等情况。

社交能力差会给孩子带来哪些影响？

1. 缺乏集体归属感

孩子在学校除了学习知识，还要学习集体生活。家长除了重视孩子的学习，更要懂得培养孩子健康积极的人格，这才是孩子长久发展的重要根基。如果孩子社交能力差，身边缺少朋友，与同学相处困难甚至遭到排斥，孩子就很难融入集体，无法获得应有的集体归属感。家长要重视这个问题，因为孩子出现社交能力的缺陷，未来很可能将无法在社会立足。

2. 没有胆量，拘谨胆小

在年幼的时候，孩子被父母过度呵护，会形成严重的依赖心理。凡事都由父母出面，孩子很少有挫败体验。孩子缺少社交锻炼机会，在面对陌生人或者独自处于陌生环境时，做事就会显得拘谨胆小；面对困难时，就会不知所措，因为他们根本就不知道如何与他人进行有效沟通。

3. 缺乏社交自信

孩子自信心的培养取决于父母对他的肯定和支持。同样，孩子的自卑也来源于父母对他的一味指责和否定。家长的责备会使孩子出现恐惧和反感的情绪，以致不愿意主动和他人交流。在孩子没办法顺利和小朋友相处时，家长要避免指责孩子不懂事，而要鼓励孩子多尝试与人交往。

儿童人际关系：垂直关系和水平关系

　　儿童在发展人际关系的过程中，与他人之间会形成两种不同性质的关系，这两种人际关系对儿童的社会化分别具有不同的意义。这两种人际关系就是垂直关系和水平关系。

一、垂直关系

　　所谓垂直关系，就是比儿童拥有更多知识和更大权利的成人（主要包括父母和教师）与儿童之间形成的一种关系。其性质具有互补性，即成人控制，儿童服从；儿童寻求帮助，成人提供帮助。

　　垂直关系的主要功能是为孩子提供安全和保护，也可以使孩子学习知识和技能。前者主要指父母与孩子之间的关系，后者主要指教师和学生之间的关系。

1. 父母和孩子是一种寄托和传承的关系

家庭教育是一个人成长的起始与发展的重要起点，家族的文化传承、父母的教育可以塑造孩子未来成人后的状态雏形与画像。下面这个真实事例就很好地诠释了孩子与父母之间的这种关系。

林涛出生在一个非常传统的中国式家庭里，父亲是军人，母亲是教师，父母的性格特征与家庭的职责分工非常明确：男主外、女主内。

父亲的职业特点非常强，综合能力强，人际交往与工作成绩都比较突出，做事从不拖泥带水，执行力强，对于自己的家庭职责与定位比较清晰，以身作则。日常生活中，家里的煤气罐、粮食等生活物资采购、搬运与储藏，水、电、供暖，家私、家电等基础设施的安装与维修，居住环境的防火、防盗、治安等家庭的安全保障工作，都被父亲安排得井井有条，让家人很安心。父亲传递给林涛

的是正面积极的家庭观念，教会他独立、自信、坚毅、勇敢、果断、勇于克服困难、富有进取心、有合作精神、热情、外向、开朗、大方等优良品格。

母亲是一名小学高级教师，也是林涛上小学期间的数学教师。母亲对待工作非常认真，虽然已经退休，但她在灯下批改作业的画面，仍时常浮现在林涛脑海。可能是数学老师的特性使然，母亲做事比较严谨，对林涛的学习与为人处世要求都很高，若林涛与他人发生争执，不论谁的过失，她都会陪儿子一同上门道歉，并一再检讨自己：作为母亲，没有管好孩子。母亲传递给林涛的是担当责任、敬畏规则，坚守公平、待人宽厚、行为有底线等为人处世的要求与规范。

家庭给予林涛的教育使他一直坚守正确的处事原则，这是他在家庭教育中获得的财富。

2. 老师和孩子之间是教授与被教授的关系

师者，所以传道授业解惑也。古往今来，老师都是人类灵魂的工程师，是学生的照明灯。

老师在给予孩子们知识的同时，还会给他们更多的爱，包括长辈对孩子的爱、平辈之间的爱、朋友之间的爱等。老师在给予孩子爱的同时，也能获得幸福与快乐。

孩子会模仿老师的每一句话、每一个动作、每一个眼神。老师时时刻刻都影响着孩子的成长与发展，优秀的老师都会以身作则，做好每一件事，说好每一句话，绝不会因一次失误而影响孩子的一生。鼓励孩子跟老师和谐相处非常必要。

二、水平关系

所谓水平关系，就是孩子与那些和他具有相同社会权利的同伴之间形成的一种关系，这种关系是平等的、互惠的，可以给孩子提供学习技能和交流经验的机会。

垂直关系与水平关系既有区别又有联系，前者主要体现了成人与孩子之间的一种"权威—服从"关系，在心理上、地位上是不平等的；后者主要是孩子与生理心理方面相同地位的同伴之间的一种自由、平等和互惠的关系。

女儿上初中时，有一次跟爸爸讲："老爸，你能不能跟我的班主任说一说，给我换一下座位？"

爸爸问为什么，她说："我不喜欢我的同桌。"

爸爸说："为什么？他有什么问题吗？"

她说："他总是不带铅笔，只用我的，用完之后也不还。"

爸爸说："遇到这种情况，你是不是很生气？"

她说："我怎么能不生气？"

爸爸说："你看，同桌拿你一支笔，本来是同学之间很正常的行为，你却生气，再看到他更生气，学习效率能高吗？"

她说："他还经常骂人，总是骂我是猪。"

爸爸说："遇到这种情况，你会怎么办呢？"

她说："我很生气，他凭什么骂人呢？我想找个借口骂回来，但是我又开不了口。"

爸爸说："这样也不是办法，以后如果同桌再骂你，你就可以说，猪多好，那么憨态可掬，总比从动物园跑出一只狗熊，乱咬、乱叫、乱骂人好得多！这样回敬他一句，他就会从你的回应中，感受到你的底气，感受到一种神圣不可侵犯的气势，以后他就不敢轻易骂你了。"

女儿听了爸爸的话，很高兴："行，这办法不错。那我就不调座位了，我就等着他骂我的时候，我回敬他。"

一个多月很快过去，女儿回家跟爸爸讲："老爸，我觉得很失落，我等了一个月，他却不骂我，我准备的招儿没用上。"

爸爸笑了笑，说："孩子，通过这件事你应该感受到了，你所认为的和同学间的矛盾，其实就是你心态的问题。同桌并不是对你不友好，为什么在同样的一个班里，有些人过得很愉快，有些人却很郁闷？不是因为班级本身，而是因为个人的心态不同，你之所以觉得郁闷是因为你的心态出了问题，只要用心，就会发现你原本讨厌的同学也有很多优点，你认为总是欺负你的同学只是在和你开玩笑，你对别人友善的时候别人也会对你友善。"

听完父亲的一席话，女儿一下释然了，性格变得越来越阳光，越来越开朗，与同学的关系也越来越融洽，学习效率也越来越高。

与同学和谐相处，可以从同学身上学到很多东西；还能相互倾诉烦恼；一起讨论学习上的问题，交流生活经验，一起解决生活上的问题。

同伴关系是学生时代最重要的一项人际关系。与同学友好相处的小建议如表 8-1 所示。

表 8-1　孩子与同学友好相处的建议

建议	说明
让孩子主动关心别人	希望得到别人的关心是人的基本需要。你希望得到别人的关心，别人也是如此。孩子与同学之间能互相关心，同学关系自然就亲密了
引导孩子控制不良情绪	适度的情感表现是交往成功的必要条件。孩子的情感变化比较大，要让他们学会因地、因人调节并控制自己的情绪。在孩子快要发脾气时，让他嘴里默念"镇静，三思"，这有助于控制情绪，增强大脑的理智思维
让孩子注意自己的身体语言	与同学交流时，要让孩子确保姿态得体，用眼神交流，身体前倾相关肢体语言表示自己感兴趣；也可以让孩子用手或胳膊帮助自己表达，将自己的真实意思传递给对方。当然，跟同学聊天或沟通时，不要一直盯着对方的眼睛，过久的眼神接触会带给对方很强的压迫感

续表

建议	说明
鼓励孩子主动认错	孩子伤害了别人，要鼓励他勇敢、主动地认错，并纠正自己的过错。同时，要让孩子主动承担责任，诚心接受别人的责难。如果对方不接受歉意，或者产生误解，除了让孩子耐心等待，还可以求助于老师和同学，让他们出面调解

巴金曾说："友情是生活中的一盏明灯，离开它，生活就没有了光彩；离开它，生命就不会开花结果。"在学习生活中，要鼓励孩子与同学互帮互助，互谅互让，互竞互赏，共同成长。

构建优质人际关系的 4 个秘密：倾听、分享、礼让、合作

在成功的公式中，最重要的一项因素是与人相处。在社会化过程，如果孩子人际互动比较差，表现任性、事事以自我为中心、不合群、霸道、有攻击性……那么孩子在团体中

往往不受欢迎，很难产生良好的人际互动，失去人与人之间的信任感和安全感。

爱与尊重的基本需求无法得到满足，孩子就容易进一步转变为情绪上的困扰，也可能影响身心健康，甚而影响到人格发展与未来社会生活的适应。而教导孩子走出自我中心，学习公平、分享、礼让、合作等有助于与人和谐相处的行为，是培养他们良好人际关系发展的重要第一课。

一、倾听

泰戈尔说："耳朵是通向心灵的路。"倾听他人的心声是每个人都必须具备的美德。孩子要与人融洽相处、流畅地交流，必须先学会倾听。

在功利的社会里，人们更多以自我为中心，喜欢为自己的利益发声，很少想到为他人着想。要从孩子年幼时开始，让他们学会倾听他人的声音，设身处地为他人考虑。

要让孩子知道，倾听他人讲话时心不在焉、左顾右盼、摆弄东西、不时走动、突然插嘴打断别人的讲话，容易让人觉得自己不被尊重，从而影响到孩子与他人的关系。

　　男孩晓畅是个人人都喜爱的"小大人"，尤其在听别人（无论是大人还是小孩）讲话时，从不抢话、插嘴，还会不时地用点头对对方所讲的话表示认可。如果对方说着说着停顿了，他会用"然后呢"引导对方继续讲下去。

善于倾听他人说话的孩子，不仅能及时地掌握对方所说的信息，还能让对方产生被尊重的感觉，加深彼此的感情，有利于人际交往。

父母要教孩子一些倾听他人的礼仪。

（1）倾听时，要面带微笑，不要显示出不耐烦的样子；要让对方感到轻松自如。

（2）倾听时不要挑对方的毛病，不要当场提出自己的批评，更不要与对方争论，尽量避免使用否定式回答或评论式回答，如"不可能""我不同意""我可不这样想""我认为不该这样"等。要多以"你说得对""你这样想是有道理的"来表达肯定，或者

对他人的话进行重复。要让孩子站在对方的立场倾听，努力理解对方说的每一句话。即使要表达不同的意见，也要先从肯定对方进行切入。

（3）以柔和的目光注视对方，并通过点头、微笑等方式及时对对方的谈话做出反应；也可以不时地用"是的""明白了""然后呢""对"等语言表示自己在认真倾听。

（4）谈话时要制造一个严肃认真的氛围，比如，要求孩子眼睛看着说话的人，告诉别人自己是认真的。只要塑造良好的氛围，许多孩子都可以好好说话和思考问题。

二、分享

2岁的宁宁最近变得非常"小气"。

表妹婷婷来家里做客，刚拿起一个布娃娃，宁宁就把布娃娃抱走了，说："这是我的！"

邻居家的小朋友天天来家里玩，喜欢宁宁的拼图。宁宁平时对拼图根本不感兴趣，可一看见天天在玩就立即说："这是我的，我还想玩儿呢。"

妈妈很疑惑，宁宁以前很大方，可以跟小朋友们一起分享玩具，最近怎么突然变"小气"了呢？

相信许多家长都遇到过上述情况，有的家长可能觉得孩子自私，甚至担心孩子的社会交往和人际适应。其实，这种情况在这一年龄阶段的幼儿身上普遍存在。孩子突然不愿和他人分享，一大原因就是自我意识的发展。

幼儿的自我意识在 1~3 岁开始萌芽并快速发展，其主要特征是自我中心性。处于这一年龄阶段的孩子在看待事物时往往从"我"出发，无法理解"你""他"的概念。他们认为，自己的东西是自己的，别人不能动；有的孩子甚至会认为，别人的东西也是自己的，只要看到喜欢的东西就会据为己有。

其实，孩子的这种行为并无恶意，也并非自私，家长不用为此担心。当孩子意识到除了"我"，还有"你""他"时，这种行为就会得到改善。

印度古谚"赠人玫瑰，手留余香"告诉我们，即使是一件很平凡的小事，如同赠人一枝玫瑰般微不足道，却能让温

馨在赠花人和受花人的心底弥漫开来。当你和别人分享你的东西或喜悦的时候，别人就能感受到你的开心。当下一次别人遇到开心或好笑的事情时，也会分享给你。

学会分享，孩子就能认识更多的朋友，更好地进行活动和交流，只要坚持分享，就能得到很多意想不到的东西，比如别人的关注、新的机会等。因此，在日常生活中，家长应注重培养幼儿分享的习惯。

1. 教孩子一些协作游戏，让分享更好玩

在协作游戏中，玩的人需要合作去达到一个共同目标，比如，一起玩拼图，轮流往拼版上放拼图块；还可以一起整理房间、种花、给宠物洗澡等。

2. 给孩子一些东西，让他和小伙伴分享

比如，和小伙伴分享一种特别的零食或一本贴纸。

3. 鼓励分享，从正面强调，不是训诫

如果孩子不想分享就批评他小气，或者强迫他把喜欢的

东西给别人，只会培养出孩子的怨恨情绪，而不是慷慨大方。

孩子不愿意分享某些东西也没关系。随着他越来越成熟，他会明白与对他越来越重要的朋友分享，要比独自拥有更快乐。

4. 让孩子说出自己的感觉

如果孩子表现得不大方，就要问问他是怎么回事。让孩子说出自己真实的感受可能是因为幼儿园的火车玩具不够玩，或者他特别喜欢自己的扑克牌，因为那是爷爷送给他的礼物。

5. 鼓励孩子解决问题

有的孩子可能根本就没有分享玩具的概念，可以鼓励孩子和小伙伴轮流玩玩具，让他明白分享并不是把东西给别人，而且如果他和小朋友分享玩具，小朋友也会更愿意把他们的玩具拿出来和他一起玩。

6. 爱惜孩子的物品

如果孩子觉得别人不爱惜自己的衣服、书、玩具，他就

不愿意把这些东西分享给别人。所以，借他物品时，要征得他的同意，并给他拒绝的权利。也要提醒其他孩子在使用过程中，一定好好爱惜这些物品。

三、礼让

如今，很多孩子都是家里的独生子女，一个人生活惯了，不善于交友，即使跟朋友一起玩游戏，也不懂谦让，总想让别的小朋友听自己的。

礼让是一种涵养，是一种放过自己、善待自己的修行；为难他人，就是为难自己，互不相让就是在互相伤害。一定要让孩子知道，争吵甚至拳脚相加并不能解决问题，只能进一步激化矛盾，只有学会礼让，才能赢得别人的好感。

工作人员在一所学校随机抽取了三个孩子作为实验对象：两个女孩，一个 10 岁，一个 6 岁；一个男孩，8 岁。

然后，拿出一个口小肚大、像井一样的玻璃瓶。瓶底躺着三个刚能通过瓶口的小球，每个小球上都系有一根丝绳。他对三个孩子说："今天我要看一看你们谁是最聪明的人。"

工作人员宣布游戏规则：这个瓶子代表一口枯井，三个人就用这三颗球来表示。假如你们正在井里玩，井里开始涨水，且水势凶猛，那么8秒以后谁还在井里，谁就会被淹死。

工作人员示意孩子们游戏开始后，最先从瓶里拿出了自己的球的是6岁的女孩；接下来是8岁的男孩，他与10岁的女孩相互对视一眼，迅速地将自己的球拉出瓶口；最后是10岁的女孩，她从容地拉出自己的小球。不到6秒就完成了整个游戏。

工作人员先问那个小男孩："你为什么不抢着跑出去？"男孩勇敢地仰起自己的头，看着旁边的女孩说："她最小，我如果先出去了，她跑不出来怎么办？我应当让着她呀。"

工作人员问10岁的女孩，女孩说："我是他们两个人的姐姐，我有责任保护他们。"

工作人员又问："这样做，你自己可能会被淹死。"

女孩答道："就算会被淹死，我也要保护他们。"

礼让，不仅是孩子健康成长的需要，更是他们日后生存和发展所必需的品质。社会的发展越来越需要人们具有善于与人交往、合作的能力，卡耐基说："一个成功的管理者，专业知识所起的作用是 15％，而交际能力占 85％。"礼让作为人与人沟通的桥梁，是生活中不可缺少的生存工具和性格品质。

那么，父母如何让孩子学会礼让呢？如表 8-2 所示：

表 8-2　引导孩子礼让的方法

方法	说明
合理看待礼让带来的"吃亏"	孩子由于礼让而失去的多数都是一时的得失。让孩子明白过于计较自我得失，不会替他人考虑，会使自己在与他人尤其是同伴交往的过程中受到阻碍，并影响未来在社会中的立足
积极看待礼让带来的"收益"	孩子懂得礼让，和小朋友、老师相处融洽，就会觉得自己是被接受、被喜欢的，从而会感到更快乐、开朗、自信，为孩子拥有良好的人际关系和社会交往能力打下基础。而且，孩子的成长路途总是崎岖不平的，需要有面对困难、挫折的勇气，吃点"小亏"，也有助于孩子养成宽广的胸怀

续表

方法	说明
耐心引导和培养孩子礼让的品格	家长要为孩子创造宽松的家庭环境，耐心引导，提升孩子的社会交往能力。例如，通过诵读或分享经典故事让孩子理解礼让的含意，当"融四岁，能让梨"这样的句子印在他记忆里的时候，故事所蕴藏的内涵也会慢慢深入到孩子的心里，在不知不觉中成为孩子学习和效仿的行为规范，进而影响孩子的世界观、人生观和价值观

四、合作

所谓"合作"，是指两个或两个以上的个体为了实现共同目标（共同利益）而自愿地结合在一起，通过相互之间的配合和协调（包括言语和行为）而实现共同目标（共同利益），最终个人利益也获得满足的一种社会交往活动。

社会的发展离不开相互合作。科学技术日益高速发展，社会分工日益精细，而人的智力和知识却是有限的，为了达到某个目标，必须一起工作，提高工作效率。同样，合作也是孩子未来迈向成功的重要途径。父母要培养孩子与人合作的能力，让孩子能够在未来的生活和学习中施展自己的合作

本领。父母要让孩子明白，一个人的成功离不开别人的帮助，离不开与别人的合作；无论在什么时间或什么地方，永远都要记住"合作"。那么，究竟应该怎样培养孩子与人合作的能力呢？

1. 关注思想动态，让孩子萌生合作意识

对于孩子不分享、不协作的行为，家长直接批评或提出解决方法，往往收效甚微。培养孩子的合作意识，首先要让孩子对于合作有思想准备。比如，家长可以和孩子读一些关于互帮互助、不争抢的故事，或者在看到此类现象时进行讨论，明确与人交往要友好、谦让、商量，了解合作的重要性，使孩子萌生合作的意识。

2. 为孩子创造合作机会，进行合作实践

在孩子的日常学习和生活中，父母应多为他们创造与同伴合作的机会，鼓励他们多参加集体活动，在集体生活中发挥自己的聪明才智。为了达到某一目标，大家相互交流、制订计划、相互协作，虽然可能出现分歧和矛盾，甚至失败，

但整个过程会让孩子明白要充分考虑他人的需求和感受，必要的时候甚至做出合理的让步，这都是合作意识的体现。

同时，要鼓励孩子多参加一些配合性强的活动，比如，踢足球、打篮球，在与队友的配合中找到合作的方法，让孩子体会合作的快乐。甚至在家庭生活中，也要创造合作的氛围，比如，分工洗碗、打扫卫生等，让孩子时刻感受到合作带来的乐趣。

3. 将正确的合作方法直接告诉孩子

有时候，孩子可能不知道怎样合作，家长要告诉孩子合作的方法和原则，指导其正确合作。比如，和小朋友玩玩具要分享，不能争抢；在教室中与小朋友发生冲突可试着想办法解决；要尊重他人的意见；等等。父母可以在日常生活中逐渐渗透，也可以针对过去的事情进行总结分析，还可以创设一定的情境进行探讨，比如，当同伴遇到困难，怎样征求对方的意见并施以援手；当自己遇到困难无法解决，怎样主动向别人寻求帮助；当在游戏中遭遇失败，怎样总结失败原因和方法；当一个任务自己很难完成时，怎样组建团队分工

协作；等等。

　　最初，孩子合作的方法大多是模仿成人或延续既往经验，慢慢地，他们会寻找自己的合作方式，并在不同情境中懂得变通。

第九章

重视阅读，
在优秀作品中寻找驱动孩子的力量

阅读优秀图书，可以锻炼孩子的想象力，提高他们对文字的理解力。如此，做事或学习时，孩子才能更主动，效率才能更高。

对孩子发展最有利的书是名著，因为名著凝聚了作家长期或毕生所得、所感、所悟之精华。孩子们年龄小，各方面知识储备不足，有时无法做出正确的选择，而阅读名著能引导他们树立正确、积极的三观。孩子只有将书中的精华内化，才能学会判断，更好地取舍，更有效地完成任务。

虽然很多名著的特点是"字多""书厚""难以捉摸"，开始接触名著的时候，孩子会感到枯燥乏味，很多人打起退堂鼓，但只要静下心来走进名著，就会被其吸引，融入书中，对这些宝贵的精神财富有更多的了解。

以史为镜，可以知兴替。读名著，就是站在巨人的肩膀上前行；读诗歌，可以感受诗人的情感，获得心灵的力量；读人物传记，能了解伟人的成长历程，从他们身上获得精神的力量。作为成长中的孩子，了解和接受这份宝藏，不仅能继承先人的精神财富，还能提升自我，让自己更积极。

案例分析：不喜欢阅读的君浩

案例

　　周女士的儿子君浩18个月大的时候，周女士发现君浩不喜欢看书，也不喜欢听大人讲故事。那时，周女士的同学送给君浩一套儿童绘本。这套书讲的都是孩子在日常生活中会遇到的问题，比如：大便完了要注意什么，如何坐公交车，洗澡有什么好处，与同伴一起游戏时，该注意什么。而且这套书设计巧妙：利用了抠、移等技巧，孩子在听故事的同时，还能动动小手，激发继续阅读的兴趣。

　　周女士客气地对同学表示谢意。可是，没翻看一眼，她就很诚恳地告诉同学："我家君浩不喜欢看书，可能根本就不会翻。"听到这些话，同学有些失落。

　　日子过得很快，又是一年春节。周女士打电话给同学，欣喜地告诉她："我儿子很喜欢上次的那套书，请帮我再选一套类似的书吧。"看到自己送的书获得了孩子的喜爱，同学感到很开心。

趁热打铁，同学问起了君浩的情况：孩子以前为什么不喜欢看书、不喜欢听故事。

周女士告诉同学，以前为孩子买的书，大多都是认物识字类的卡片，或者以文字为主、配以插图的小短篇故事。讲故事时，妈妈读，孩子坐在旁边听；或者妈妈拿出卡片，孩子一遍又一遍地认识物体。在这样的阅读中，孩子感受不到快乐，不愿意参与，自然就没有兴趣。而同学送的这套绘本有很多可以打开的小窗和小门，孩子在听故事的同时，可以翻一翻、看一看，更愿意听下去。

同学又为君浩挑选了一套绘本，收到书后，周女士饶有兴趣地翻着书，心想："这套书，君浩一定会很喜欢。"

在周女士的引导下，君浩养成了阅读的好习惯。开始的时候，妈妈带着他一起阅读，长大后，他就如饥似渴地阅读世界名著、名人传记等，知识日益丰厚，为人处世更加得体，做事更加积极。当他想放弃的时候，就会想起曾经在书中看到的某个主人公或某个名言警句，继而生出一种驱动自己的力量，督促自己前进。

分析 　　从周女士的经历中，不难发现家长希望孩子从小就喜欢看书、喜爱阅读。可是，有些家长不知道孩子的成长规律，对童书缺乏了解，以成人式阅读看待儿童阅读。

凯勒告诉我们："一本书就像一艘船，可以带领我们从狭隘的地方驶向无限广阔的生活海洋。"

读书的重要性不言而喻，而激发内驱力，也是读书的一大益处。孩子受书中人物或语句的影响，在做事或学习的过程中，就能产生一种积极的行动力，即使遇到问题，他们也会想办法解决，不轻易放弃。因此日常生活中，家长一定要重视对孩子阅读能力的培养。

但是有些孩子不喜欢读书，甚至一看书就哭。孩子为何不愿意读书呢？具体原因可以从两个角度说明。

1. 从孩子的角度来说

孩子对于阅读的书籍较为陌生，看到书本时，也会产生不同的情绪。从婴儿阶段到学龄阶段，再到未来成长，他们会展现出不一样的特征。

（1）0~3岁。处于这个阶段的孩子对于书没有明显的认知，只会看到这些书籍上面的文字和图画。特别是婴幼儿，喜欢色彩比较丰富的东西，往往会对图画书有兴趣。

（2）3~6岁。3岁左右，孩子会进入幼儿园，这时孩子就能更多地接触到书本。幼儿园的书本是根据孩子的身心特点选择的，更能吸引孩子的注意力。孩子在这个阶段养成了阅读的好习惯，未来就会喜欢上阅读。

（3）6岁以后。6岁以后，孩子表现出来的阅读状态已经定形，喜欢读书的孩子，通常都是安静的、沉稳的；对书籍没有太大兴趣的孩子，学习时也会展现出不好的状态。

2. 从家长的角度来说

孩子不喜欢阅读，跟家长也有一定的关系。

（1）家长急于功利，没有耐心。在阅读后，很多家长会要求孩子讲故事的意义。其实，对于孩子来说，他们只能看懂故事的大概意思，根本就不知道故事的深意。所以，最重要的是让孩子喜欢阅读，让孩子体验阅读的乐趣。过于急功

近利，很可能会起到反面作用。要让孩子快乐地阅读。

（2）讲故事不生动，太死板。孩子对外部事物都很敏感，家长给孩子讲故事的态度，孩子完全能感觉到。所以，给孩子讲故事的时候，一定不要敷衍了事。孩子的阅读能力是在听故事中慢慢提高的，要不断地和孩子互动，这样才能对孩子的语言表达能力和思维能力有所帮助。

（3）强迫孩子阅读，引发逆反。很多家长会给孩子买很多书，强迫孩子阅读。孩子自己不想读，也无法获得读书的乐趣。家长应该使用生动的语言向孩子展示书本的趣味，让孩子在不知不觉中，从书本中获得乐趣，再慢慢喜欢上阅读。

（4）追求数量，忽视阅读的质量。为了让孩子养成阅读的好习惯，家长就开始不停地买很多书，实际上这种行为只会给孩子留下一个错误的印象，即书只是爸妈买来的装饰品。孩子一般都很喜欢重复地听一个故事，因为这样他们可以加深印象，不断地吸收故事中的知识，然后融会贯通。

了解孩子不喜欢读书的原因后，家长要多用心，和孩子一起阅读，让孩子在书本里找到应有的乐趣。

最能给予孩子力量的图书类型：诗歌和名人传记

古今中外，书籍的数量数以万计，种类繁多。

那么父母如何给孩子选择图书呢？

名著之所以成为名著，是因为这种经典经过几代人的精挑细选后，还能成为大家争相阅读的读物。阅读名著等同于站在巨人的肩膀上看世界。

一、诗歌

诗歌以其独特的韵律和意境，可以将人们带进美的境界，或空灵、或纯净、或深刻、或闲适。

诗歌中，处处包含着美，读诗的过程就是美育的过程，

也是启迪孩子去欣赏美、发现美、创造美的过程。一旦这些美的东西融入孩子的生命，在人生的不同阶段，美的意象就会在孩子的脑海中有不同的呈现。将美融入孩子的生命，他们就会主动地去发现生活中的美好与感动，主动以美的标准去要求自己，注重良好的自我形象，塑造完美的人格，形成良好的道德和社会情感。

多读诗歌有助于塑造诗意的心灵，建构诗一般的精神世界，帮助孩子在人生的旅途中寻找苍白生活中的诗意瞬间，发现苦涩人生路途中诗一般的时空，以便其在漫漫人生旅途中成长为一个有趣、丰富的人。

诗歌是最凝练、最精微的文学体裁，孩子如果不喜欢诗，不会欣赏诗，那么他对生活的感受就是粗糙的。读诗词的人，眼中风景不同，气质也不同。春秋时期的教育家孔子在《礼记·经解》中就提到："入其国，其教可知也。其为人也温柔敦厚，诗教也。"儒家认为，诗的功能主要体现在对人的精神的教化方面。重视诗教，就是重视诗歌在家庭教育中不可忽视的特殊作用。如表 9-1 所示：

表 9-1 阅读诗歌对孩子的作用

作用	说明
让孩子感受世界的诗意与美好	诗歌是心灵的艺术！在诗歌里，孩子能够体验世界的诗意与美好，保持心灵的纯真，陶冶情操，提升人文素养。父母要鼓励孩子读诗，通过诗歌的节奏和韵律，感受诗歌传达的意境和美感
培养高雅趣味，提高审美水平	从小爱读古诗词的孩子，不仅气质良好，而且待人礼貌，很让人喜欢。孩子心灵的天空需要诗歌的云朵，他们的情感世界需要诗歌的装点。让孩子亲近诗歌，给孩子一份诗教，是一件美好的事情
有利于孩子的生长发育	古诗具有音乐性，节奏鲜明，可以对听觉器官造成良性刺激，并通过大脑产生生理效应。反复诵读诗歌，孩子大脑皮层的兴奋、抑制过程就能达到相对平衡，加速血液循环，让孩子处于最佳状态。研究还发现，背诵古诗能同时激活孩子与阅读、音乐相关的脑区，促进孩子的大脑在信息加工和记忆力方面的发展
有利于培养孩子的语言表达能力	古诗内容丰富，春夏秋冬，写景、咏物、抒情，应有尽有。让孩子读古诗词，不仅能让他们了解中国的诗词文化，还能让他们学会正确发音，锻炼朗读能力，提高语感，让孩子口齿清楚伶俐、吐音准确流畅。多读诗，多背诗，可以为孩子今后高雅风趣的谈吐、妙笔生辉的表达打下结实的基础
丰富孩子的内心世界	诗歌是最能陶冶孩子情操的文学样式。古人经常用诗歌抒发自己对大好山河的热爱、建功立业的豪迈，对真挚感情的珍惜……认真品读古诗，就能从古诗词中体会到诗人的情感。虽然孩子无法亲身体会那么多情感，但只要多读诗歌，就能用诗词充实内心世界，达到"腹有诗书气自华"的境地

作用	说明
有利于提高孩子的人格修养	古诗是我国特有的一种体裁,工于音韵,注重意境,句式工整,读来朗朗上口。随文识字,培养诵读诗歌的兴趣,有利于提升孩子的人格修养,提高孩子的眼界、胸怀、志气、品格等,培养孩子的高尚情操,促成孩子优秀人格的形成
提高孩子的形象思维和想象力	古诗词让孩子很容易在大脑中描绘出诗词呈现的画面,丰富孩子的形象思维。同时,有些古诗词可以给孩子提供想象的空间,使孩子在熟背的同时提升想象力

二、名人传记

名人传记类作品记述了名人一生的成长,有成功的经验、有顽强探索的精神、有勤于反思的习惯、有克服困难的勇气、有对人生理想的执着……当名人的经历程随着孩子的阅读逐渐进入他们的生命,名人就会成为孩子人生中的榜样。如此,在孩子遇到诸如意志消沉、理想受挫、人生懈怠等人生问题的时候,就会不自觉地与曾经阅读过的名人经历相对照,找到走出困境的勇气与力量,重新整理行囊,努力前行。

名人有着对远方的坚定信念和顽强的意志,他们不怕困难，不避风雨，是历史长河中顽强的奋斗者和成功者。阅读名人的传记，跟随名人的足迹，孩子就能从中汲取前行的勇气、奋斗的力量、大海一般的胸怀。在人生的旅途中，遇到困难和挫折的时候，孩子就能找寻到名人的影子，汲取他们的精神力量。

梁启超谈及教子经时说："读名人传记，最能激发人志气，且于应事接物之智慧增长不少，古人所以贵读史者以此。"一本好的名人传记会成为孩子一生的动力，在他们失落时给予他们力量，在他们得意时提点他们谦虚。在潜移默化中，孩子将会寻找人生目标，不断督促自己，激励自己奋进。

名人传记对孩子的作用如下。

1. 丰富历史、文学知识

孩子在幼儿园读到李白写的诗，对他们而言，李白只是一个人名，没有其他概念。读了关于李白的绘本后，孩子就仿佛和李白成了未见过面的朋友，有了不一样的认识。这样孩子不仅学会了李白的诗，知道李白是诗人，还了解李白的事迹、诗歌的创作背景，从不同维度了解到这个诗人，李白更立体了。

2. 启发孩子，指引其前行

教育学家许锡良先生曾说："研究名人，了解名人的目的并不是制造名人，而是从名人的成长中获得更多看待成长的视角，能够抓住名人这类人的成长个案，得到具有普遍性价值的启示。"没读名人传记之前，孩子们看到的都是名人已经功成名就的一面，认为他们的成功是遥不可及的。读完传记之后，孩子会发现，原来名人在成功之前，也经历过艰辛、痛苦和煎熬；他们也曾站在人生的十字路口，做过难的选择。自己天赋不足，就努力弥补；他人否定嘲笑，就一笑而过；遇到困难低谷，从不服输；面对赞美盛誉，不骄不躁……

孩子可以从名人身上感悟到成长的曲折，找到问题解决的方法，并从中发现自己类似的困惑，反思琢磨，内化为自己的力量。人物传记更容易触动孩子的内心，带给孩子的启发和改变远比父母的唠叨更有效。

3. 帮助孩子寻找人生方向

孩子的榜样是什么样的人，他就会成为什么样的人。错误的价值观让孩子倾向于走捷径，向往不劳而获，做人做事都不踏实。孩子的三观还没有完全建立，思想也不成熟，多让孩子接触各个领域的精英人物，就能让他们吸收更多正能量，助力他们成长。

4. 增强克服困难与面对挫折的勇气

纵观古今中外的圣人、名人和伟人，他们都有百折不挠的精神。孔子十五有志于学；司马迁经过重重苦难，始终不放弃编纂《史记》；居里夫人为科学事业奉献一身……这些人物之所以有巨大成就，就是因为他们具有克服困难和挫折的勇气。

这些名人虽然不是孩子的老师，却又胜似老师，他们用自己的故事给予孩子勇气和力量，传递着充满智慧的信息，让他们知道：如何学习，如何成长，如何成为一个更好自己。

孩子不一定要成为名人，但他们需要像名人一样，拥有挑战自我的勇气，以及超越自我的力量。每个名人在为世人所认识之前，都是平凡而又渺小的，有些人甚至在年幼时期就饱尝生活的艰辛，但正是因为他们敢于克服困难，从而获

得了成功。在孩子遇到困惑的时候，要让他们从这些伟大的人身上获得启示。帮孩子找到一个榜样，就如同为他们的心灵点上了一盏明亮的灯，指引他们一路前行。

让孩子爱上阅读的好方法

为了让孩子爱上阅读，可以采取以下方法。

一、给孩子读书

陪伴是最长情的告白，朗读是父母给孩子最好的陪伴。

父母亲自给孩子讲故事，这种体验对孩子来说特别重要。有了这种用耳听故事的体验，孩子在通过文字进入语言的世界时，更能体会其中的乐趣。

父母给孩子读书的时刻是快乐的时光，即使只有 5 分钟、10 分钟。父母在给孩子读书时应该注意些什么呢？

（1）讲故事越早开始越好，并尽量坚持到孩子小学毕业。

（2）每天尽量安排一个固定的读书时间。

（3）可以从有韵律感的童谣、儿歌和几行字的绘本开始，逐步阅读文字较多、图画较少的童书，再到有章节的故事及小说。

（4）开始时，读书的时间不要过长，要让孩子保持对听父母读书的热情。随着孩子的接受度的提升，再慢慢延长时间。

（5）聆听习惯是后天养成的，需要逐步教导和培养。在给孩子读书的过程中，要告诉他们该如何听，比如，认真听，不打断；可以在大脑中想象故事的画面。

（6）时常变换读物的长度和主题，不要总是读一个主题的，更不要读不适合孩子年龄段的大部头书。

（7）给孩子读书前，提一下书名、作者和图画作者。

（8）读书要有始有终，不能开始时热情洋溢，后面则不坚持。

（9）阅读有图画的书，要尽量让孩子看到图画。

（10）父母要提高自己的阅读水平，积极练习，合理运用自己的表情甚至声调，也可以扮演不同的人物。

（11）不要读得太快，不要读孩子不喜欢的书。

（12）偶尔给孩子读点内容较深的书，启发孩子思考，尝试跟孩子讨论书中的内容。

二、创造一个家庭阅读区

阅读区是一个相对安静的场所，可以让孩子静下心来，同时又能吸引孩子的注意力。

作家梁晓声说过："最好的家风，一定是有读书传统的家风。书架，应该是一个家庭最好的不动产。"与其举全家之力为孩子买一套学区房，不如在家里给孩子开辟一个阅读区，培养孩子的阅读习惯。

建立家庭阅读区，孩子就能轻松愉快地在属于自己的区域内选择自己想读的任何一种图书。为孩子打造阅读区要注意以下几个事项。

1. 最好靠近窗边

靠近窗边的位置不仅光线充足，且通风好。孩子平时看书用眼多，把阅读区安排在光线不好的地方，会对孩子的眼睛造成伤害。因此，最好将阅读区安排在窗边。

2. 将书籍分门别类摆放

要将书籍分类摆放，可以按照内容分成数学类、科普类、自然观察类等；也可以将同一个系列或同一个作者的书籍放在一起。如此，不仅便于整理，也能让孩子更快地找到自己感兴趣的书籍。

3. 调整书籍，吸引孩子注意力

要根据孩子的身体选择合适的书架；为了吸引孩子的注意力，要将孩子最近喜欢的书、你想让孩子看的书放在孩子一伸手就能拿到或一眼就能看到的地方。此外，家长要定期调换书籍的摆放位置，保证孩子能广泛涉猎各种图书。

三、发挥摘抄的作用

为了加深印象，要给孩子做一些摘抄，包括阅读建议、有趣的阅读文本，甚至有意思的笑话和诗歌，给孩子创造惊喜。这些摘抄内容可以放在孩子的文具盒里、书包里、餐盒上、枕头上。

当然，摘抄时需要注意以下这些要点。

1. 有选择性地摘录

（1）摘录好的词语。何为好的词语？孩子第一次接触的新鲜词汇，如"草木葳蕤"；华丽的辞藻，如"精移神骇，忽焉思散"；简练的词语，如"时光翩跹的五月，浮云白头"。

（2）摘录好的句子和段落。何为好的句子和段落？风格独特，比如"无风，日头狠毒，人影很短。最先看见父亲那黝黑的脊背，颜色一如脚下的黑土。老牛，木犁，疙瘩绳，在地里来回走"；写作手法，比如"洗手的时候，日子从水盆里过去；吃饭的时候，日子从饭碗里过去；默默时，便从凝然的双眼前过去"。

2. 认真分析、理解和消化

阅读了很多书籍和文章，摘录了很多好词好句，却没花时间认真将这些好词好句理解和消化掉，脑子里却只残留了一些片段式记忆……这种做法，无益于知识素材的累积。为了让孩子使摘录的知识转化为自己的，家长要鼓励他们静下心来理解和消化。

3. 时常温故知新

很多孩子发现，自己几天前摘录的好词好句暂时还记得，过了一个假期之后，可能就不记得了。原因就在于没有温习。对于摘录的词句，要让孩子时常翻看，巩固记忆，增加它们在孩子大脑中的活跃度，便于随时调取。

四、跟孩子一起讨论

为了让孩子从阅读中获益更多，父母可以和孩子一起讨论阅读这件事，包括如何建立阅读习惯、生字词表，一起阅

读孩子的课文。这样得出的结论，往往更容易给孩子留下印象。

孩子的最大特点是求知欲强，成人习以为常的东西，孩子们却往往感到新奇，总要缠着大人问很多问题，比如，冬天为什么要下雪？下雨天，是先打雷，还是先下雨？雪花为什么都是六瓣，不是三瓣？月亮上到底有没有生命，嫦娥是否真实存在？太阳为什么是个大火球，而不是个大冰球？

孩子主动提出了问题，家长要及时回答，绝不能搪塞、敷衍或乱说一通。如此，才能满足孩子的求知欲，调动他们观察和分析问题的积极性。当然，父母更不能对孩子的提问不予理睬、不耐烦，或是把孩子训斥一顿，以免挫伤孩子阅读的积极性。

五、给孩子准备一个便签本

便签纸对于喜欢阅读的孩子来说，用处非常大。

（1）巧用便签纸记录是孩子们进行自我激励和进行时间规划的一个方法，能够帮助孩子很好地进入阅读状态。

（2）便笺纸可以被用作"书签"，可以更详尽地进行标注，方便阅读的衔接。

（3）便笺纸还可以用于记录阅读的短期目标，分解阅读的长期目标，让目标达成变得更加轻松。

有了这样的便签本，孩子在阅读的时候，就能随时将自己的所感所悟记录下来了。因此，为了提高孩子的阅读效果，就要给孩子准备一个便签本，让孩子随身携带、随时观察、随时记录。

六、走出家门去阅读

阅读，不能仅限于家里，父母要带孩子去图书馆借书、去书店买书，和其他小朋友一起看书。

（1）周末的时候，父母要带着孩子去图书馆，让孩子感受图书的氛围，并从他人身上感受阅读的力量。潜移默化中，孩子就能喜欢上阅读了。

（2）可以给孩子办一张阅读卡，让孩子去借阅图书。通过借阅图书，某种程度上更容易引发孩子的阅读兴趣，提高阅读

效果。

（3）要想提高孩子的阅读量，可以周末带孩子去书店转转，让孩子自由选择。此外，家长可以通过网络为孩子选购喜欢的图书。

（4）有些社团或场馆会不定期地开设图书俱乐部，可以跟孩子一起加入，跟众人感受读书的乐趣，享受读书的美好氛围。

（5）全国各地绘本馆、图书馆、社区故事点都会定期举办各种和阅读相关的活动，为了让孩子感受阅读的氛围，就要多带孩子去参加阅读会、故事大赛、朗读故事、绘本表演等。如此，不仅能丰富孩子的生活，还能让孩子跟广大阅读爱好者零距离接触。

第十章

敢于放手，孩子才能自己动起来

孩子学会爬行或走路后，就会开始表现出对外面世界的好奇，探索世界、感受周围事物的欲望越发强烈。孩子与父母形成良好的关系，孩子就能拥有心灵的避风港，慢慢地挑战外面的世界。因此，要想激发孩子的内驱力，就要给孩子自由和支持，鼓励和帮助孩子勇敢地探索世界；同时也要放开孩子的手，让他们尝试动手做一些事情，锻炼他们的自理和自立能力，为今后的成长打下基础。

孩子到了 3 岁，如果条件允许，可以给孩子准备一个衣柜，让孩子整理自己的衣服；还可准备带纽扣、拉链的衣服，让孩子练习自己穿衣。

孩子到了 4 岁，要鼓励他们尝试系鞋带。父母可以将一条布带拴在椅子的扶手上，让孩子练习打结。

孩子到了五六岁，要引导他们更多地尝试处理自己的事情，如洗小手绢、袜子，并协助父母做一些力所能及的事，如扫地、擦桌子等。

上了小学之后，孩子能做的事情就更多了。家长要放开孩子的手，让孩子尝试动手，找到乐趣。在尝试的过程中，如果遇到了困难，要鼓励他们积极应对，因为让孩子适当地遭受一些挫折，不仅能锻炼孩子处理问题的能力，还能让孩子对未来更有信心，继而变得勇敢，不轻易放弃。

案例分析：被父母"禁锢"的杜玲

案例

在杜玲的印象中，妈妈非常强势。如今她虽然已经参加工作，但只要一说起妈妈，依然心中有很多不满。

从出生开始，杜玲所有人生中的重大决定几乎都是父母做的，比如：读什么中学，上哪所大学，读哪个专业……青少年时期的她虽然知道每一步都很重要，也跟妈妈抗争过，但都无果，最终跟理想的专业失之交臂。

大学时，杜玲是学校的风云人物，很多老师和同学都说，她参加工作后肯定很能干。

大四那年，杜玲找到一个符合自己理想的专业的公司实习，感到无比开心。她打电话给父母分享自己的快乐，结果只得到妈妈的一句"为什么不找对口专业的实习？"

　　给妈妈打完电话，杜玲心里难受得揪成一团。最终，拗不过，她只能按妈妈的意思回老家一所学校当了老师。回去后，她发现生活跟自己想的完全不一样。她想辞职，妈妈不同意，说她脑子有问题。

　　杜玲的妈妈说一不二，整天只知道指责丈夫和孩子。最后，爸爸和妈妈离婚了。

　　妈妈不停地埋怨她的父亲。妈妈对杜玲说得最多的话是："你不能这样……你应该那样……你可别像你爸那样……"结果，杜玲也很难与人建立亲密关系，迟迟不敢走入婚姻。

　　母亲的控制让杜玲画地为牢，她不敢自己做决定，不相信自己，对未来充满了彷徨。

分析 🔍

　　父母约束孩子确实都是为了孩子好。可是，孩子总有一天会长大，他们有自己的路要走，父母能管孩子一辈子吗？在父母获得自身控制感的同时，孩子会失去对自己的控制感。孩子的控制感太低，无论是人际关系，还是自身幸福感，都会变得不好。极低的幸福感指数会让孩子拖拉，萎靡不振，习惯于放弃。这类孩子，哪来的内驱力？

父母对孩子的控制欲，往往是指父母在教育孩子时的绝对支配，不允许孩子在思想上和行为上出现违背父母的情况。有控制欲的父母可能并没有意识到自己的问题，只是觉得自己所做的一切都是为了孩子，孩子懂事了就能够明白父母的苦心。然而，父母期待的结局不一定能够实现。

众多案例告诉我们，父母的控制欲太强，孩子很容易出现以下几种情况。

1. 没有主见和想法，依赖性很强

父母喜欢用命令的语气要求孩子，全然不顾他们的想法。从最初的想要反抗，到后来的被迫听话，孩子已经没了自己的想法。因为他们知道，自己有没有想法不重要，听话就够了。时间久了，孩子会变得自卑，不愿再开口。他们以父母的想法为主，依赖性很强，不会独立思考。

2. 情绪固执且敏感，脾气不太好

总是被父母管控，脾气自然不会太好。被管控得太狠，孩子会变得敏感、固执，连自身的情绪都很难控制好。最初，

孩子会把内心的愤怒压抑在心底，一点儿都不愿意倾诉。当
孩子慢慢长大，有了自我反抗的能力，跟父母之间的较量才
正式开启。到了那一刻，孩子内心所有的委屈和愤怒统统会
爆发出来。

3. 没有担当，缺乏责任心

凡事都有父母善后，还需要孩子做什么？他们充其量只
是听话的机器，父母说什么，他们照做即可。这样的孩子，
看似幸福，实则缺乏担当意识，喜欢推卸责任。最重要的是，
孩子没有责任心，不管做任何事情，都会应付差事。

4. 对父母爱恨交织

每个人都知道父母是爱孩子的，不管是对孩子的训斥还
是说教，都是希望孩子的行为规范，不要误入歧途。孩子也
都明白这个道理，内心深处对父母是有爱意的。但是，如果
父母的控制欲太强，孩子处于被操控的状态，就容易感觉到
自尊受损。这种伤害并不会随着时间消失。孩子不知道如何
面对父母，只能逃离，避免与父母沟通。

5.慢慢变得抑郁

孩子长期处于被控制的状态，内心就会产生无力感和无助感，觉得无论自己怎么反抗，都是徒劳的，进而觉得生活没有意思，最终变得郁郁寡欢。孩子抑郁了，做事就会缺少动力，得过且过。

其实，有时候孩子的需求很简单，也无害。比如，孩子要多点零花钱，有的父母会直接说"你只是学生，要那么多钱做什么"。这些小事情虽然微不足道，却会给孩子带来不愉快。如果孩子的每件小事情都必须由父母来做决定，父母就要想想了，自己是不是在潜意识里就想控制孩子？

控制欲太强的父母都具备的基本特征

对于父母来说，孩子是他们生命中很重要的人，有些父母甚至还会把曾经自己没有实现的愿望和遗憾"寄托"在孩子身上，以"爱"的名义，控制着孩子的身心。

下面这些场景，相信大家都不陌生。

孩子选了喜欢的玩具，却被父母强制换成其他东西，因为父母认为那样的玩具更有意义。

孩子喜欢粉色衣服，却被父母要求换成蓝色的款式，因为父母认为粉色不好看。

孩子想要帮忙做家务，父母却认为孩子什么都做不好，应该把心思放在学习上。

孩子想要出去玩，父母万般阻止，说外面太危险。

父母总是格外担忧孩子，想要给他们更多的关爱。可是却忽略了孩子的需求。与人相处，要把握好边界，和孩子相处，也是如此。

成长，本来就是学习和成长的过程。孩子在不断长大，父母也应该不断调整自己。小时候，孩子确实需要父母更多的关心；但随着年龄增长，他们需要学会更多技能，父母应该慢慢放手。

控制欲太强的父母，无法教出优秀的孩子。那么，控制

欲太强的父母都具备怎样的特征呢？

一、喜欢对孩子说"我都是为了你好"

"我都是为了你好"是很多父母喜欢说的一句话。这句话使孩子的内心好像被什么束缚着，很容易陷入负罪感，无法真正感受到快乐和轻松；有些孩子和父母的关系变得很紧张，因为他们觉得自己被父母"以爱的名义"控制着。

"听我的，你穿这件衣服真的很丑，换我说的那件出门。我说这么多，还不都是为你好。"

"你不要选中文专业，将来不好找工作，还是学计算机吧。我现在这么做都是为你好。"

"快去参加公务员考试，等毕业了就可以进事业单位，多稳定。我这么说都是为你好。"

"我都是为你好"，这句充满"爱意"的表达，是亲子关系越来越疏远的"强心剂"。有的孩子说，他最不愿意听到父母说这句话，会感到窒息。

孩子违背了父母的心意，家长会苦口婆心地说"我都是为了你好"。这句话堪称是控制孩子的魔法棒。你不听我的？可我是为了你好，不听你会栽跟头；怪我管得多？可我是为了你好，为你好也有错？当付出变成了"道德绑架"，当爱变成了"为你好"的旗帜，当给予变成了一种经济控制手段，父母的行为和语言就会在孩子的心里划下一道道伤痕。

相信大部分父母的初衷都是希望成为一个好家长，可遗憾的是，他们不知道应该怎样做。父母在控制孩子的愿望背后，其实是为了实现自己的愿望：我想成为一个好家长。这种爱看起来无私，其实只是为了满足父母自己的愿望，源于自身的局限。

被情感操纵的孩子会怎样？如表 10-1 所示：

表 10-1 孩子被情感操纵的后果

结果	说明
增加惰性	父母过分干预孩子，孩子缺少独立的空间，凡事靠父母，惰性会被无限放大，遇到困难，第一时间想到的不是如何解决，而是回头看看依然站在身后的父母

续表

结果	说明
产生焦虑、忧郁等情绪	新加坡大学的六位学者追踪了约300位孩子与他们的家长。研究显示，当家长对孩子的控制与干预越高时，小孩越容易出现过度自我批判、焦虑等情绪，以及忧郁倾向
孩子不自立	独立性要经历一个循序渐进的过程，父母对孩子的控制太多，孩子就不知道哪些事可以独立面对和解决，继而对父母产生依赖性
孩子以自我为中心	孩子不管有什么需求，只要张口，就能得到满足，这对孩子的成长并没有好处。孩子会以自我为中心，不尊重他人，性格出现问题，在未来的成长之路上，多半要吃很多苦

二、控制欲强的父母，凡事喜欢亲力亲为

有个二年级的小孩做错了一道题目，老师提醒孩子："这次做错没关系，但是这样的错误我们以后不能犯了。"孩子看着老师，很委屈地说："都怪我妈妈，非说我的答案是错误的，非让我改。"

原来，孩子做完了作业，妈妈帮他检查，认为他做错了题目，孩子也不加思考，就按照妈妈的思路改了。

究竟是什么原因让孩子变得越来越没有责任心了？是父母的亲力亲为，让孩子习惯了父母的帮忙，甚至有的孩子认为父母所做的一切都理所当然。

作为父母，不应该为孩子解决难题，有应该和孩子一起面对难题，慢慢地教孩子学会自己解决难题。孩子在学校里遇到的是学业问题，长大后需要解决的是生活难题。孩子不知道如何面对问题和解决问题，父母事事都亲力亲为，以后孩子在独自面对生活难题的时候只能束手无策。

三、控制欲强的父母喜欢控制孩子的交友和生活

1. 控制孩子交友

控制型的父母喜欢限制孩子交友，认为学习好的孩子就是好孩子，学习不好的孩子就是坏孩子。其实，孩子会根据自己的三观选择朋友，父母不需要控制孩子的交友。

2. 强硬对待不听话的孩子

孩子只要不听话，父母就采取冷暴力，让孩子处于自己的控制范围内；有些家长为了让孩子永远听自己的，会控制孩子的经济来源。

3. 不让孩子出门

有些家长只让孩子在家里学习，不让孩子出门。孩子无法释放自己的天性，就会变得平庸。

家长的这种控制不仅会影响孩子的心理，还会对孩子的性格造成严重影响，甚至影响孩子长大后的社交关系。那么，为什么父母对孩子有着超强的控制欲?

1. 父母幼年经历的影响

多数父母小时候接受的家庭教育方式比较传统，他们更易受到老一辈人的控制。受这种氛围的影响，之前的教育理念就会延续到他们身上，他们不可避免地就会使用一些旧有的育儿方法，比如：控制孩子的言行，让孩子按照自己的要求做事。

2. 对于亲子关系的认识不够

很多父母之所以想控制孩子，是因为在他们心中，孩子是自己的，就应该听话。他们忽视了孩子作为一个个体的独特性，觉得孩子是自己生的，只能听自己的。

3. 父母在孩子身上寄予太多期待

父母对孩子有很高的期望，希望孩子能够被众人仰望，希望孩子有使自己骄傲的资本，出于这方面的考虑，很多家长往往会把自己的意愿强加在孩子身上。

4. 父母认为自己可以随意对待孩子

多数父母认为孩子是自己的，自己想怎么对待孩子就怎么对待孩子，完全没将孩子当成独立的个体，反而认为自己是父母，拥有特权，一味控制孩子，并认为自己的做法是爱孩子的表现。不关注孩子的感受，只想控制孩子的生活，很容易引起孩子的叛逆，不仅不利于亲子关系，还会对孩子的

成长产生阻力。

5. 父母没有自己的事业规划

从孩子出生那一刻起，有的家长就放弃了自己的一切，将所有的期望寄托在孩子身上。他们没有自己的事业心，一心希望孩子出人头地，让孩子成为自己骄傲的资本。他们将自己的所有精力都放在孩子身上，无法接受孩子的失败，往往会试图控制孩子，希望孩子朝着自己指引的方向前进。

6. 父母不信任孩子

有些父母对孩子太过溺爱，包办孩子应该做的事情，让孩子失去了锻炼的机会，缺少相关经验。如果让孩子独自去做事，他们又担心孩子会做不来，继而演变成对孩子的不信任，不相信孩子能够独自完成事情。

7. 父母过于自负

在控制欲强的父母中，有些人拥有高学历、高成就和较高的社会地位。在教育孩子的时候，他们过于相信自己的能力，也过于相信自己孩子的能力。

8. 父母缺乏安全感

有的父母比较谨慎，对于孩子的教育追求完美，但是总对孩子过于担心，总想控制孩子，觉得只有孩子按照自己的要求去做，孩子才能做得好，才能做得到，才能少走些弯路，才能顺利成长。

放手的 4 个工具：示范、理解、接纳、提示

从心理角度来说，控制欲是一个人对他人、他事在一定程度上的绝对支配。每个人或多或少都会有些控制欲，可以在生活中获得满足感和可支配感。

适当的控制欲是正常的，然而，控制欲过强，对孩子就是一种伤害。在控制欲强的父母眼中，孩子更像可以任自己

操控的工具。为了将孩子拽回自己的轨道中，就要学会使用四个工具：示范、理解、接纳和提示。

一、示范

给大家讲一个蒙台梭利女士的小故事。

某天，蒙台梭利女士在一群孩子面前示范如何擤鼻涕。她边说边慢慢地摊开手帕、捂住鼻子，按部就班地示范一连串擤鼻涕动作。从头到尾，孩子们都一直紧盯着她看。

做完整个动作后，孩子们报以热烈的掌声，她感到惊讶不已，问自己：我只是在示范擤鼻涕的动作给他们看而已，孩子们为什么要鼓掌？

这件事之后，蒙台梭利女士通过研究终于找到了原因。孩子们之所以会鼓掌，是因为他们曾经因为流鼻涕而被责骂，甚至被大人强行擤鼻涕。所以，当他们看到蒙台梭利女士简单易懂的示范，知道"我也可以自己擤鼻涕"

的时候，内心因为欢喜而给予掌声。

"做给他看"似乎很难，其实是件再简单不过的事情了，只要掌握以下几点即可。

（1）锁定一个孩子想做的事情或活动。

（2）将完成该活动的步骤进行分解。

（3）选出必要的部分，慢慢地、清楚地排好顺序。

（4）当着孩子的面，把这个动作示范给他看。不说话，默默地做，将说明与动作分开进行。

（5）示范完毕后，简单用几句话说明。

教孩子做饭，一个字也不说，完全用手表演。择菜，洗菜，切菜，烹炒。包饺子，下花椒、大料、桂皮、料酒、酱油、醋，全都可以在"不言中"教孩子。

为了让孩子养成好的学习习惯，也可以用类似的方法，将学习方法教给孩子。

使用草稿纸。拿过一道题，然后再拿过草稿纸和笔。自己一步一步做，审题，转移，在草稿纸上尝试解答，誊写答案，检查。整个过程，可以一句话不说。

家长做动作，让孩子在旁边看着，进行模仿。如果自己用手做不来，也就没必要要求孩子做到了。你是大人，都做不到，孩子更做不到了。

二、理解

周末，驾校人很多，李敏和朋友一起来学车。

在等待的空隙，李敏向四周看看，发现在操场的边上有个小男孩蹲在地上玩小石子儿，离他不远的地方，一位年轻人陪着妻子练车，显然这是一家三口。

李敏走过去问男孩："小朋友，你叫什么名字啊。"男孩看了李敏一眼，没有理睬，继续玩他的石头。

朋友默默地观察了一阵，慢慢地走向男孩，蹲下来捡起一块石头，问："小朋友，你知道这是什么形状吗？"男孩一开始不理她，自己玩自己的。

朋友没有气馁，继续说："我看你手里的这块石头好像是椭圆形的呀。"男孩没听说过椭圆形，脱口而出："不是，这是圆的。"然后，朋友就蹲下来，用小孩的口吻和他交流，片刻之后，男孩就和她熟悉起来。

朋友问男孩叫什么名字，问了几遍他都不说。之后，朋友改换了一种方式，说："那让我来猜猜你叫什么，好不好？如果阿姨猜三次都没猜对，你就告诉阿姨怎么样？"

男孩似乎觉得游戏好玩，就欣然答应。结果不出所料，阿姨连猜三次都错了，最后男孩把自己的名字说了出来。

目睹了这一过程，李敏忽然明白了，原来只要大人理解孩子，和他做朋友，就能跟他建立联系。

不要用批评、挑剔的眼光看待孩子。孩子不可避免地会犯错，父母的要求太高，每次孩子见到他们总会神经紧绷，

非常紧张。用这种教育方式培养的孩子，要么只会顺着父母的想法去做；要么就是表面上听话，内心非常叛逆。

父母要理解孩子，站在孩子的角度考虑问题。一开始孩子可能不敢向父母说什么心里话，慢慢地，等他们愿意敞开心扉的时候，再进行引导。比如，可以给孩子讲一个富有深意的小故事，或给孩子讲自己的人生经历。如此，孩子就能自然而然地认识到自己的问题，也乐意接受父母的教导。

父母咄咄逼人的态度、没有温情的言语、控制一切的行为和自以为是的判断，都会对孩子幼小的心灵造成伤害。心灵受到伤害的孩子，长大以后，也很难站在别人的角度理解他人。

三、接纳

很多大人看到孩子哭闹，就觉得孩子不听话，其实"哭闹"只是孩子的一种表达方式，在他不知道如何描述、如何表达、如何解决眼前问题的时候，只能靠哭闹引起大人的注意。

父母接纳孩子的哭闹，孩子就会相信：父母理解他们的内心世界。

接纳的本质不是认同而是允许，父母可以从三点开始做。

1. 正视孩子的差异和独特

家里的两个孩子在性格上有很大的差异。比如，收拾玩具这件事，女儿规则感强，拿玩具时，都会遵循收起一个再玩另一个的规则，即使多拿了几个玩具，最后也能把所有的玩具放回原位。儿子最喜欢的玩具是车，他喜欢把所有的玩具车摆放一地，进行比赛，收拾玩具时会以"我好累啊，动不了了"耍赖，让别人帮忙。为了这个问题，母亲与儿子多次发生争执，但依然无法改变他。母亲陷入愤怒中。

在妥协中，母亲发现，儿子是因为玩具太多，一地的凌乱给他带来畏难的情绪，只要陪他一起收拾，他就会一边哼唱小调一边迅速地把所有的玩具放回玩具柜。在收拾玩具的过程中他也会因为妈妈的体谅与陪伴而感到开心。

每个孩子都是独特的，按统一的标准要求孩子时，亲子关系就会变得很有挑战性。孩子不是在压抑中服从父母，就是在对抗中自我挫败。

父母只有放下自己的要求，才能看到孩子的需求，为孩子提供有效的帮助。

2. 接纳犯错的孩子

当孩子出现问题行为时，比如打架、逃学、偷东西、撒谎等，家长会焦虑，觉得这些都是坏孩子的所为。

（1）要了解什么是坏行为，如撒谎、不听话、叛逆、早恋等，不能草率地贴上坏的标签。这些行为里往往隐含着孩子自我意识的觉醒、自我需要的表达，家长要认真聆听孩子的声音。

（2）孩子出现攻击性、破坏性行为时，要把"坏行为"与"坏小孩"分开来看。如果孩子的某种行为不对，可以对孩子的行为进行批评，但不要指责孩子的人品。

3. 接纳孩子的感受

父母希望自己的孩子勇敢坚强、阳光活泼，在孩子性格发展上往往有很多要求。比如，面对挫折要坚强；面对困难要勇往直前；为人处世要彬彬有礼，落落大方……

父母禁止孩子摔跤时哭泣、担心孩子遇挫时落寞、排斥孩子的腼腆害羞……带着这些标准审视孩子的行为，就无法做到接纳，只有指责。

四、提示

家长给予的提示要尽量得当，将孩子的依赖性降到最低。提示的类型如表 10-2 所示。

表 10-2 提示的类型

类型	说明
身体提示	这种提示的方式最直接，对孩子的支持性最大。家长引导孩子的身体动作，帮助他们听从指令，做出回应。如，家长说"穿上鞋子"，然后抓起孩子的手，把鞋子递给他，帮助孩子把鞋子穿起来。身体提示的方式，适合一些无法听从口头指令的孩子

续表

类型	说明
视觉提示	在家长向孩子发出一个指令后，用指示的手势或动作给孩子做出相关提示。如，家长说"拿起你的杯子"，同时用手指示桌子上的杯子；如果孩子依然不拿杯子，家长可以走过去拿起孩子的杯子，并再说一次"拿起你的杯子"。然后，与孩子进行眼神的交流，确定孩子明白了这个语言指令的意思。相较于单纯的语言提示，视觉提示更容易被孩子理解
言语指令	如果孩子能通过视觉提示，听从指令，家长就要尽量地引导孩子，使孩子只根据语言提示就能听从指令。言语指令含有一步指令和两步指令及多步指令之分。比如，"穿上鞋子"是一步指令，"穿上鞋子，拿起外套"是两步指令。在进行言语指令时，要尽量根据孩子的实际语言能力进行指令的选择，家长要尽量选择孩子能够理解的字和词语

在运用这三步提示的时候，家长需要注意这样几点。

（1）如果孩子没办法一下理解太多信息，家长要多次重复指令。但是，在没有身体提示的情况下，不要多次重复发出指令，否则可能会让孩子产生无须听从你指令的误解。

（2）如果想教导孩子新的词汇，可以在发出语言指令的同时，运用身体提示和视觉提示，帮助孩子理解新词汇的意思。

（3）如果孩子听从了指令，那么不论孩子是独立完成的，还是在帮助下完成的，家长都要对孩子及时进行正面强化。

后记

从本质上来说，内驱力是一种从心底产生的力量。借助这种力量，孩子就能将自己当作一个独立的个体，主动做事，勤奋努力，敢于面对困难，不会退缩……孩子的主动性增强，做事效率就更高，更容易取得好成绩。

社会不断向前发展，离不开年轻一代的共同努力，如果我们的孩子都"躺平"了，对社会和国家将是一场巨大的灾难。

看到自己成绩差，努力一阵之后，无法提高，孩子就放弃；

看到自己体育不达标，练习了一段时间后，依然无法提高，孩子就不再练习；

事情太难，努力了，依然无法完成，孩子就果断放弃；

没人愿意跟自己玩，孩子就果断拒绝了周围所有的人；

……

孩子习惯了放弃，未来将会怎样？想让孩子拒绝平庸，努力向前，关键是唤醒他们的内驱力。

无论是知识教育，还是爱国教育，都要从唤醒孩子的内驱力开

始！因为，只有自我驱动强的孩子，学习效果才好，才能在短时间里吸收更多的知识；只有具备内驱力的孩子，才会为了梦想而努力，才会为了国家的强大而发愤图强。

学习，从唤醒孩子的内驱力开始！

运动，从唤醒孩子的内驱力开始！

阅读，从唤醒孩子的内驱力开始！

交友，从唤醒孩子的内驱力开始！

有了内驱力，也就有了一切！